ANTOLOGÍA POÉTICA

COLECCIÓN AUSTRAL
N.º 601

MIGUEL DE UNAMUNO

ANTOLOGÍA POÉTICA

OCTAVA EDICIÓN

ESPASA-CALPE, S. A.
MADRID

Ediciones especialmente autorizadas por los herederos del autor para la

COLECCIÓN AUSTRAL

Primera edición: 31 - VIII - 1946
Segunda edición: 24 - XII - 1946
Tercera edición: 20 - III - 1952
Cuarta edición: 11 - II - 1959
Quinta edición: 6 - XI - 1964
Sexta edición: 10 - VI - 1968
Séptima edición: 31 - III - 1975
Octava edición: 8 - IX - 1980

© *Herederos de Miguel de Unamuno y Jugo, 1946*

Espasa-Calpe, S. A., Madrid

—

Depósito legal: M. 26.809—1980

ISBN 84—239—0601—9

Impreso en España
Printed in Spain

Acabado de imprimir el día 8 de septiembre de 1980

Talleres gráficos de la Editorial Espasa-Calpe, S. A.
Carretera de Irún km. 12,200. Madrid-34

ÍNDICE

PRÓLOGO

Obra alguna de escritor conozco con una unidad más indestructible que la obra de don Miguel de Unamuno. Es engañosa la variedad de los géneros que cultiva. En el fondo más soterráneo, en la intención más íntima, en el resultado más trascendente una sola preocupación le obsesiona. Ensayos, novelas, viajes, poesía en verso, todo brota de una misma preocupación que es ansia, anhelosa necesidad de no morir.

De las tres clases de inmortalidad que tan lúcidamente distinguiera don Jorge Manrique, precisamente al enfrentarse con la idea de la muerte, la imposible de la vida perdurable, la inmortal de la fama y la eterna de la vida tras la muerte terrena, estas dos últimas le obsesionan. La necesidad de una vida trascendente, vencedora de la muerte, tiene en Unamuno el doble sentido de supervivencia en el recuerdo de los venideros y persistencia de la conciencia tras la caída de la materia perecedera. Ambas direcciones confluyen en su prurito de exaltar su personalidad individual, que recorre la escala expresiva más amplia que puede imaginarse; desde su singularidad en el vestir hasta sus rebeldías constantes contra esto y contra aquello, como si una concesión mínima a lo común o mostrenco pusiera en riesgo para la eternidad la distinción definida de su carácter, de su individuo. Según su interpretación, Don Quijote emprende aventuras por lograr la fama, y el hombre Miguel

*de Unamuno bucea en lo más trágico del sentimien-
to obstinado en ganar la vida que no fina.*

Con razón, sin razón y contra ella.

La dialéctica dramática entre fe y razón, ansia
vital y urgencia analizadora, apetito e inteligencia
a que no pudo dar el desenlace feliz de una con-
cordia, es la raíz de todo el pensamiento y de toda
la obra de Unamuno, pero esta raíz, este origen,
tiene un indudable carácter poético e irracional, y
por ello, si a la variedad de manifestaciones de este
sentimiento tuviéramos que buscarle un atributo
común tendríamos que retornar a tal común ori-
gen y decidir que la obra total de Unamuno es pri-
mordialmente poética. Un estudio, pues, de la poe-
sía de Unamuno habría de tener como objeto toda
su obra literaria. Dicho queda con esto que el pre-
sente escrito no tiene ni remotamente tal intención,
que además del límite de mis posibilidades reba-
saría los de un prólogo a una Antología de sus
versos más diminuta que amplia. Hecho está tal
estudio insuperablemente en el libro de Julián Ma-
rías verdaderamente fundamental por el conoci-
miento de nuestro poeta, y en él encontrará el cu-
rioso amplia demostración de lo que aquí reduzco
a breve esquema.

Dentro de la obra total de Unamuno ocupa su
poesía en verso una área considerable, y es de notar
que a medida que pasan los años siente con mayor
urgencia la necesidad de la expresión en verso,
como si su experiencia vital hubiera y encontrara
en él el cauce más apropiado. Hasta 1907 no publi-
ca su primer libro, Poesías, si bien algunas de
éstas han de tener fecha mucho más añeja. Su Ro-
sario de sonetos líricos, segundo de sus libros en
verso, se publica en 1912. Hasta 1920 no vuelve a
publicar libro alguno en verso. De tal fecha es El

Cristo de Velázquez, *el más importante poema reli-
gioso escrito en castellano desde nuestros grandes
siglos literarios. A partir de esta fecha menudean
las publicaciones de versos suyos. Los hay en An-
danzas y visiones españolas, 1932, y del año si-
guiente es* Rimas de dentro, *colección de poesías,
de fecha muy anterior algunas, que vieron la luz
en las ediciones privadas que yo publicaba por en-
tonces con el título de* Libros para amigos. Las
rimas de Teresa *corresponden a 1924;* De Fuerte-
ventura a París *es de 1925;* El romancero del des-
tierro, *de 1927, y a partir de entonces hasta su
muerte no cesa en la producción de canciones, la
mayoría de las cuales permanecen aún inéditas, si
bien las publicadas en revistas o en otra forma cual-
quiera, han sido diligentemente recogidas y reuni-
das por Luis Felipe Vivanco en su excelente* Anto-
logía poética, de Unamuno *(1942), de la que en
esta parte de mi selección me he servido.*

*Muestras de todos estos libros quiero dar en esta
Antología, a excepción de* El Cristo de Velázquez,
*poema que en manera alguna quiero mutilar, a
cuya importancia he aludido y que por razones de
orden material es imposible publicar íntegro. Con
lo que resta creo que hay lo suficiente para dar una
idea cabal de la obra poética en verso de Unamuno,
y un vislumbre, para el avisado harto significativo,
del resto de su obra, poética por deliberadamente
irracional.*

*Ha notado sagazmente Dámaso Alonso que de la
poesía de Unamuno perdura más la impresión del
aliento, de la fuerza poética del conjunto, que el
recuerdo completo de alguna de sus composiciones.
Sin llevar a extremo literal la observación puede
aceptarse como exactísima, y ello corrobora lo que
ya he aludido, a saber: que la obra poética en verso
de Unamuno es una parte, un factor, un elemento
de la obra y del hombre totales, y el escorzo de su*

figura que nos dé cualquiera de los géneros que cul-
tivara se corresponde necesariamente con los demás
y es sumando de la suma rigurosamente de homo-
géneos que es la personalidad humana de Unamu-
no. En ella tiene más importancia y ejemplaridad
la contemplación del hombre, con su obra poética
como parte de él, que la genealogía de sus ideas. La
trascendencia de su actitud, más bien que pensa-
miento, filosófica está en lo que de vital y por tanto
contradictorio nos proporciona su más íntimo tué-
tano humano. No hay en él, aunque engañosamente
lo parezca alguna vez, juegos de ideas, sino choque
constante de alientos. Unamuno ha jugado (¡tras-
cendental juego!) muchas veces con las palabras,
porque sabía que en su entraña etimológica yace el
germen de conceptos milenarios, pero jamás ha ju-
gado con las ideas. En su reino, draconianamente
estaba prohibida la frivolidad.

En la breve relación que he hecho de la publica-
ción de sus libros he notado de pasada que aumenta
con los años la composición de poesía en verso, es
decir de mera lírica. Considérese que lírica fué su
actividad de pensador, y lírica y apasionada, y pare-
cerá más congruente que tal tendencia viniera a des-
embocar en el cauce más propio de la lírica, es decir,
en el verso.

Preocuparon a Unamuno desde muy temprano los
problemas estéticos y retóricos del verso. Sus con-
vicciones en esto no variaron nunca, y la estética
que enunciara en su primer libro, Poesías, está vi-
gente en sus últimas canciones.

Unamuno es fundamentalmente un poeta concep-
tualista, y si se nos permite vagar levemente por lo
arbitrario notaré que de conceptualista a conceptis-
ta van muy pocas palabras, y recordaré que en el
conceptismo español se aloja el sentimiento más
seco y caliente de nuestra poesía. De esta tangencia
conceptista viene a Unamuno su afición al juego

filológico en prosa y verso, ese rebuscar la idea fe-
cunda entre las letras de las palabras apartándolas
y requiriéndolas, como apartan los niños las ramas
de un matorral para encontrar al fin el milagro ca-
liente de un nido.

La preocupación de Unamuno por el aspecto re-
tórico o formal de la poesía fué constante, y a ella
dedicó varias composiciones que tienen pleno dere-
cho al título de preceptivas o didácticas. De la que
titula Credo poético quiero destacar dos versos su-
mamente significativos y que dudo si expresan una
convicción objetiva o son escudo de una incapaci-
dad para la blandura y halago de la palabra, evi-
dentes en Unamuno, y motor seguro de lo más perso-
nal y recio de su poesía.

> Algo que non es música es la poesía,

nos dice, y no sólo repudia el puro halago sonoro del
verso, sino que enfrentándose con sus exigencias re-
tóricas, con los refinamientos y arrequives con que
le practican los virtuosos de la palabra dice, desde-
ñosamente, al poeta:

> De escultor, no de sastre, es tu tarea;

y aún debió añadir, de escultor nada pompier, sino
de escultor vigoroso y mejor aun rudo en las formas
y en la materia.

Pero aun con mayor sarcasmo, en su poesía Caña
salvaje, al definir su función poética como actividad
inconsciente promovida por el soplo de Dios rei-
terará:

> Caña salvaje:
> ¿qué tienes, dime tú, que hacer con eso
> que llaman arte?

Mas, a pesar de todo, como nuevo Ovidio reprendi-
do por hacer versos, ha de desmentirse haciendo
arte, o si no queremos llevarle la contraria, consin-
tiendo en ser el instrumento por el que Dios le hace;

que al fin y al cabo tal es la cosa en todos los poetas
y en todos los artistas.

Mas si en cuanto a la forma y a la misión éstas
son sus ideas, en cuanto al contenido quiere que sea
pesado, denso. De eso hay que cuidar ante todo.
Y ello nos pone en el camino no ya de su retórica,
sino de su temática. No cabe en las breves palabras
que en esta ocasión debo dedicar a la poesía de Una-
muno ni siquiera un intento de abordar tan amplio
tema; pero sí quiero hacer notar una cualidad, muy
subrayada por él, y esencial de su obra poética en
verso, la sinceridad, y ella entendida al modo más
romántico, más decimonónico. Téngase en cuenta
que aunque Unamuno sigue haciendo su poesía
hasta más acá del primer cuarto del siglo XX, su
arranque y sus preferencias corresponden a los fina-
les del siglo, y sus primeros modelos en la parte me-
nos personal formalmente de su obra, son los poetas
españoles del último decenio del siglo XIX. Tenía
particular preferencia por los versos de Menéndez
Pelayo, y los que le oímos hablar de estos temas en
la intimidad sabemos que sus sáficos del primer
libro Poesías no son extraños al ejemplo del gran
maestro montañés. Hasta qué punto tenían contacto
sus preferencias retóricas lo comprobé cuando en
mi casa de Tudanca leyó por primera vez las poesías
de Cabanyes, que a un observador superficial pue-
den parecerle tan remotas de los gustos de Unamuno.

Por su sinceridad cálida, por sus temas castos de
familia, gustaba sobremanera de la poesía hogareña
de Vicente W. Querol, poeta epígono de Núñez de
Arce en la retórica de la mayor parte de su obra,
aunque lejanísimo en los temas en lo mejor de su
parva producción, y Unamuno me hizo reparar en
la media docena de poesías del poeta valenciano que
han de sobrevivir a modas y maneras, y que recita-
ba de memoria sin errar palabra.

En Tudanca leyó detenidamente a Góngora en el

año conmemorativo del centenario de su muerte, y
aún recuerdo la indignación con que denostaba la
letrilla,

> Manda amor en su fatiga
> que se sienta y no se diga;
> pero a mi más me contenta
> que se diga y no se sienta.

Por esta idea de la sinceridad tan arraigada, tan
substancial de sus procedimientos literarios, resbala-
ron sobre la piedra de sus versos las aguas de las
nuevas corrientes de poesía que, a través del filtro
no siempre escrupuloso de Rubén Darío, habían de
ejercer su influencia eficacísimamente durante dos
decenios. Su desdén por eso que llaman arte llegó a
noticia de Rubén, que le escribió una conocidísima
carta dolido por la desatención del rector salman-
tino hacia la positiva obra de espiritualidad del poe-
ta nicaragüense. Y me consta que la sinceridad de
esta carta caló más hondo en la sensibilidad de Una-
muno que toda la brillante y admirable serie de
poemas del gran renovador de nuestro verso.

Pretendía Unamuno buscar la raíz esencial de
sentimientos e ideas, y por ello desdeñaba todo lo
que él motejaba con el nombre de hojarasca, y logró
prescindir de ella, pero renunciando a muchas flores,
y mostrándonos demasiadas veces las raíces áspe-
ras e informes por su penoso germinar bajo la tierra,
tanteadoras en la oscuridad de su enterramiento.

Trato de caracterizar una poesía, no de estable-
cer una preferencia.

La pasión netamente ibérica de Unamuno, su
pensamiento tan de dentro de la tierra española
como las mismas raíces a que comparo sus versos,
están expresados con aliento tal, con energía verbal
tan violenta, aunque a veces difícil y hasta ingrata,
que justifica en el ámbito de la más auténtica poe-
sía la escrita en verso por Unamuno. Una potencia
creadora como la suya acaso no la ofrecen las letras

españolas desde Quevedo, que en su poesía grave, y
en la satírica muchas veces, no deja de ofrecer pun-
tos de contacto con él. Ambos, como el satírico la-
tino, hacían versos por la indignación, y ambos iban
derechos a los más trascendentales temas del espí-
ritu y del sentimiento, tan directamente como el
bisturí del cirujano experto al lugar preciso de la
herida enconada.

He dejado correr la pluma tratando de suscitar
sugestiones que necesitarían un espacio de que no
dispongo ahora, y una calma de la que no dispondré
nunca, para ser explanadas debidamente. Al encon-
trarme en el atrio de una nueva edición de versos
de don Miguel me asalta su recuerdo personal, y me
solicita más urgentemente que mi escaso saber de
poesía. He procurado caracterizar los aspectos de
ella que pueden parecer menos atractivos para el
lector que busca halagos y no fatigas en el verso,
y su justificación supone la concepción de la poesía
con una amplitud y una trascendencia infinitamen-
te superior a la de cualquier escuela de arte poético.
En él es poesía hasta lo que él creía que nada tenía
que ver con eso que llaman arte.

La poesía de Unamuno no es río apacible de an-
chas riberas en el que al sumergirnos en sus aguas
sentimos tan sólo la blanda caricia de la mansa co-
rriente, sino avenida torrencial en la que vienen
arrastradas ramas y piedras, y aun sin ellas nos
pone en riesgo de ser derribados con sus embates.
Por eso es la más tonificante y eficaz para el espí-
ritu que aún considere la austeridad, el sentir grave,
el misterio de nuestro destino, el porvenir tras la
muerte, la religiosidad, el cálido amor del hogar,
que es trasunto refinado y santificado del lujurioso
germinar de la naturaleza, como bases esenciales de
un digno trascurrir por el mundo en lo que dure
nuestra vida.

JOSÉ MARÍA DE COSSÍO

¡ID CON DIOS!

Aquí os entrego, a contratiempo acaso,
flores de otoño, cantos de secreto.
¡Cuántos murieron sin haber nacido,
dejando, como embrión, un solo verso!
¡Cuántos sobre mi frente y so las nubes
brillando un punto al sol, entre mis sueños,
desfilaron como aves peregrinas,
de su canto al compás llevando el vuelo,
y al querer enjaularlas yo en palabras
del olvido a los montes se me fueron!
Por cada uno de estos pobres cantos,
hijos del alma, que con ella os dejo,
¡cuántos en el primer vagido endeble
faltos de aire, de ritmo se murieron!
Estos que os doy logré sacar a vida,
y a luchar por la eterna aquí os los dejo;
quieren vivir, cantar en vuestras mentes,
y les confío el logro de su intento.
Les pongo en el camino de la gloria
o del olvido; hice ya por ellos
lo que debía hacer; que por mí hagan
ellos lo que me deban, justicieros.

Y al salir del abrigo de mi casa
con alegría y con pesar los veo,
y más que no por mí, su pobre padre,
por ellos, pobres hijos míos, tiemblo.
¡Hijos de mi alma, pobres cantos míos,
que calenté al arrimo de mi pecho,
cuando al nacer mis penas balbucíais,
hacíais de ellas mi mejor consuelo!
Íos con Dios, pues que con Él vinisteis
en mí a tomar, cual carne viva, verbo,
responderéis por mí ante Él, que sabe
que no es lo malo que hago, aunque no quiero,
si no vosotros sois de mi alma el fruto;
vosotros reveláis mi sentimiento,
¡hijos de libertad! y no mis obras
en las que soy de extraño sino siervo;
no son mis hechos míos, sois vosotros,
y así no de ellos soy, sino soy vuestro.
Vosotros apuráis mis obras todas;
sois mis actos de fe, mis valederos.
Del tiempo en la corriente fugitiva
flotan sueltas las raíces de mis hechos,
mientras las de mis cantos prenden firmes
en la rocosa entraña de lo eterno.
Íos con Dios, corred con Dios al mundo,
desparramad por él vuestro misterio,
y que al morir, en mi postrer jornada
me forméis, cual calzada, mi sendero,
el de ir y no volver, el que me lleve
a perderme por fin, en aquel seno
de que a mi alma vinieron vuestras almas,
a anegarme en el fondo del silencio.
Id con Dios, cantos míos, y Dios quiera
que el calor que sacasteis de mi pecho,
si el frío de la noche os lo robara,

lo recobréis en corazón abierto
donde podáis posar al dulce abrigo
para otra vez alzar, de día, el vuelo.
íos con Dios, heraldos de esperanzas
vestidas del verdor de mis recuerdos,
íos con Dios y que su soplo os lleve
a tomar en lo eterno, por fin, puerto.

Tú me levantas, tierra de Castilla,
en la rugosa palma de tu mano,
al cielo que te enciende y te refresca,
al cielo, tu amo.

Tierra nervuda, enjuta, despejada,
madre de corazones y de brazos,
toma el presente en ti viejos colores
del noble antaño.

Con la pradera cóncava del cielo
lindan en torno tus desnudos campos,
tiene en ti cuna el sol y en ti sepulcro
y en ti santuario.

Es todo cima tu extensión redonda
y en ti me siento al cielo levantado,
aire de cumbre es el que se respira
aquí, en tus páramos.

¡Ara gigante, tierra castellana,
a ese tu aire soltaré mis cantos,
si te son dignos bajarán al mundo
desde lo alto!

SALAMANCA

Alto soto de torres que al ponerse
tras las encinas que el celaje esmaltan
dora a los rayos de su lumbre el padre
    Sol de Castilla;

bosque de piedras que arrancó la historia
a las entrañas de la tierra madre,
remanso de quietud, yo te bendigo,
    ¡mi Salamanca!

Miras a un lado, allende el Tormes lento,
de las encinas el follaje pardo
cual el follaje de tu piedra, inmoble,
    denso y perenne.

Y de otro lado, por la calva Armuña,
ondea el trigo, cual tu piedra, de oro,
y entre los surcos al morir la tarde
    duerme el sosiego.

Duerme el sosiego, la esperanza duerme,
de otras cosechas y otras dulces tardes,
las horas al correr sobre la tierra
    dejan su rastro.

Al pie de tus sillares, Salamanca,
de las cosechas del pensar tranquilo
que año tras año maduró tus aulas,
    duerme el recuerdo.

Duerme el recuerdo, la esperanza duerme,
y es el tranquilo curso de tu vida
como el crecer de las encinas, lento,
        lento y seguro.

De entre tus piedras seculares, tumba
de remembranzas del ayer glorioso,
de entre tus piedras recogió mi espíritu
        fe, paz y fuerza.

En este patio que se cierra al mundo
y con ruinosa crestería borda
limpio celaje, al pie de la fachada
        que de plateros

ostenta filigramas en la piedra,
en este austero patio, cuando cede
el vocerío estudiantil, susurra
        voz de recuerdos.

En silencio fray Luis quédase solo
meditando de Job los infortunios,
o paladeando en oración los dulces
        nombres de Cristo.

Nombres de paz y amor con que en la lucha
buscó conforte, y arrogante luego
a la brega volvióse amor cantando,
        paz y reposo.

La apacibilidad de tu vivienda
gustó, andariego soñador, Cervantes,
la voluntad le enhechizaste y quiso
        volver a verte.

Volver a verte en el reposo quieta,
soñar contigo el sueño de la vida,
soñar la vida que perdura siempre
        sin morir nunca.

Sueño de no morir es el que infundes
a los que beben de tu dulce calma,
sueño de no morir ese que dicen
        culto a la muerte.

En mí florezcan cual en ti, robustas,
en flor perduradora las entrañas
y en ellas talle con seguro toque
        visión del pueblo.

Levántense cual torres clamorosas
mis pensamientos en robusta fábrica
y asiéntese en mi patria para siempre
        la mi Quimera.

Pedernoso cual tú sea mi nombre
de los tiempos la roña resistiendo,
y por encima al tráfago del mundo
        resuene limpio.

Pregona eternidad tu alma de piedra
y amor de vida en tu regazo arraiga,
amor de vida eterna, y a su sombra
        amor de amores.

En tus callejas que del sol nos guardan
y son cual surcos de tu campo urbano,
en tus callejas duermen los amores
        más fugitivos.

Amores que nacieron como nace
en los trigales amapola ardiente
para morir antes de la hoz, dejando
        fruto de sueño.

El dejo amargo del Digesto hastioso
junto a las rejas se enjugaron muchos,
volviendo luego, corazón alegre,
        a nuevo estudio.

De doctos labios recibieron ciencia,
mas de otros labios palpitantes, frescos,
bebieron del Amor, fuente sin fondo,
        sabiduría.

Luego en las tristes aulas del Estudio,
frías y oscuras, en sus duros bancos,
aquietaron sus pechos encendidos
        en sed de vida.

Como en los troncos vivos de los árboles,
de las aulas así en los muertos troncos
grabó el Amor con manos juveniles
        su eterna empresa.

Sentencias no hallaréis del Triboniano,
del Peripato no veréis doctrina,
ni aforismos de Hipócrates sutiles,
        jugo de libros.

Allí Teresa, Soledad, Mercedes,
Carmen, Olalla, Concha, Blanca o Pura,
nombres que fueron miel para los labios,
        brasa en el pecho.

Así bajo los ojos la divisa
del amor, redentora del estudio,
y cuando el maestro calla, aquellos bancos
    dicen amores.

¡Oh Salamanca, entre tus piedras de oro
aprendieron a amar los estudiantes
mientras los campos que te ciñen daban
    jugosos frutos!

Del corazón en las honduras guardo
tu alma robusta; cuando yo me muera
guarda, dorada Salamanca mía,
    tú mi recuerdo.

Y cuando el sol al acostarse encienda
el oro secular que te recama,
con tu lenguaje, de lo eterno heraldo,
    di tú que he sido.

LA CATEDRAL DE BARCELONA

*A Juan Maragall,
nobilísimo poeta.*

La catedral de Barcelona dice:

Se levantan, palmeras de granito,
desnudas mis columnas; en las bóvedas
abriéndose sus copas se entrelazan,
y del recinto en torno su follaje
espeso cae hasta prender en tierra,
desgarrones dejando en ventanales,
y cerrando con piedra floreciente
tienda de paz en vasto campamento.
Al milagro de fe de mis entrañas
la pesadumbre de la roca cede,
de su grosera masa se despoja
mi fábrica ideal, y es sólo sombra,
sombra cuajada en formas de misterio
entre la luz humilde que se filtra
por los dulces colores de alba eterna.
Ven, mortal afligido, entra en mi pecho,
entra en mi pecho y bajaré hasta el tuyo;
modelarán tu corazón mis manos
—manos de sombra en luz, manos de madre—,
convirtiéndolo en templo recogido,
y alzaré en él, de nobles reflexiones
altas columnas de desnudo fuste
que en bóvedas de fe cierren sus copas.

Alegría y tristeza, amor y odio,
fe y desesperación, todo en mi pecho
cual la luz y la sombra se remegen,
y en crepúsculo eterno de esperanza
se os llega la noche de la muerte
y os abre el Sol divino, vuestra fuente.
Cuerpo soy de piedad, en mi regazo
duermen besos de amor, empujes de ira,
dulces remordimientos, tristes votos,
flojas promesas y dolores santos.
Dolores sobre todo; los dolores
son el crisol que funde a los mortales,
mi sombra es como místico fundente,
la sombra del dolor que nos fusiona.
Aquí bajo el silencio en que reposo
se funden los clamores de las ramblas,
aquí lava la sombra de mi pecho
heridas de la luz del cielo crudo.
Recuerda aquí su hogar al forastero,
mi pecho es patria universal, se apagan
en mí los ecos de la lucha torpe
con que su tronco comunal destrozan
en desgarrones fieros los linajes.
Rozan mi pétreo seno las plegarias
vestidas con lenguajes diferentes
y es un susurro solo y solitario,
es en salmo común una quejumbre.
Canta mi coro en el latín sagrado
de que fluyeron los romances nobles,
canta en la vieja madre lengua muerta
que desde Roma, reina de los siglos,
por Italia, de gloria y de infortunio
cuna y sepulcro, vino a dar su verbo
a esta mi áspera tierra catalana,
a los adustos campos de Castilla,

de Portugal a los mimosos prados,
y al verde llano de la dulce Francia.
Habita en mí el espíritu católico,
y es de Pentecostés lengua mi lengua,
que os habla a cada cual en vuestro idioma
los bordes de mi boca acariciando
de vuestros corazones los oídos.
Funde mi sombra a todos, sus colores
se apagan a la luz de mis vidrieras;
todos son uno en mí, la muchedumbre
en mi remanso es agua eterna y pura.
Pasan por mí las gentes, y su masa
siempre es la misma, es vena permanente,
y si cambiar parece allá en el mundo
es que cambian las márgenes y el lecho
sobre que corre en curso de combates.
Venid a mí cuando en la lid cerrada
al corazón os lleguen las heridas,
es mi sombra divino bebedizo
para olvidar rencores de la tierra,
filtro de paz, eterno manadero
que del cielo nos trae consolaciones.
Venid a mí, que todos en mí caben,
entre mis brazos todos sois hermanos,
tienda del cielo soy acá en la tierra,
del cielo, patria universal del hombre.

L'APLEC DE LA PROTESTA

Fundiéronse en el aire las palabras
de los tribunos,
resonó el circo en un batir de palmas
—l'aplec de la protesta—,
luego brotó un pañuelo
y al punto se pobló la gradería
de blancas flámulas.
Diríase una banda de gaviotas
después de haber posado a flor de océano
cuando alza el vuelo
y un momento se agita a ras del agua,
templando la partida.
En el cuello del pecho un nudo todos
sintieron repentino,
y el picor en los ojos de las lágrimas
por pudor contenidas.
"¡Oh que es hermoso!",
exclamaban blandiendo sus pañuelos
"¡oh que es bonito!"
Fué el triunfo de la estética,
¡el espectáculo!
¡Oh que es hermoso!",
y cebaban sus ojos conmovidos
en aquella nevada
como de grandes pétalos de lirio.
"¡Oh que es hermoso!",
y los blancos pañuelos protestaban
en aplec de protesta.

"¡Oh que es bonito!", y ve, la muchedumbre
vacía sus sentires
en esa voz de triunfo.
¡Todo un momento, sí, todo un momento,
una impresión de vida,
de vida volandera;
los sentidos gozaron un regalo,
fiesta para los ojos,
sardana de pañuelos agitados,
fusión de las miradas
en un solo momento de hermosura...
fué la protesta!
Y allí acabó, sumida en el momento,
allí se deshojó su flor brillante,
la flor de la protesta;
sus blancos pétalos
se agitaron por cima del océano
de las cabezas,
del mar de corazones por encima:
se ajaron luego...
¡Momento de hermosura... bien! ¿Y el fruto?
Y al salir en el río de la gente
bajo el cielo a que lavan lagoteras
brisas del mar latino,
sentí en mi pecho
la voz grave del mar de mi Vizcaya,
la que brizó mi cuna,
voz que decía:
¡Seréis siempre unos niños, levantinos!
¡Os ahoga la estética!

EN LA BASÍLICA DEL SEÑOR SANTIAGO DE BILBAO

Entré llevando lacerado el pecho,
convertido en un lago de tormenta,
entré como quien anda y no camina,
    como un sonámbulo;

entré fuera de mí, y de tus rincones
brotó mi alma de entonces y a cantarme
tus piedras se pusieron mis recuerdos
    de anhelos íntimos.

Bajaron compasivas de tus bóvedas
las oraciones de mi infancia lenta
que allí anidaran y en silencio a mi alma
    toda ciñéronla.

Aquí soñé de niño, aquí su imagen
debajo de la imagen de la Virgen
me alumbró el corazón cuando se abría
    del mundo al tráfago.

Aquí soñé mis sueños de la infancia,
de santidad y de ambición tejidos;
el trono y el altar, el yermo austero,
    la plaza pública.

Soñé sueños de gloria, ya terrena,
ya celestial, en tanto que sus ojos
mi ambición amansaba y encendía
    amonestándome.

Aquí lloré las lágrimas más dulces,
más limpias y fecundas, las que brotan
del corazón, que cuando en sí no coge
    revienta en lágrimas.

Aquí anhelé el anhelo que se ignora,
aquí el hambre de Dios sentí primero,
aquí bajo tus piedras confidentes
    alas brotáronme.

Aquí el misterio me envolvió del mundo
cuando a la lumbre eterna abrí mis ojos,
y aquí es donde primero me he sentido
    solo en el páramo.

Aquí en el Ángel de tu viejo claustro
me hacían meditar a la lectura
de un Kempis que leía en voz gangosa
    un pobre clérigo.

Nadie le oía y al austero hechizo
del zumbar monótono del armonio
que nos mecía el alma, cada uno
    le daba pábulo.

Y brizado en el canto como un niño
Moisés del Nilo en las serenas aguas,
a ser padre del pueblo iba en su cuna
    durmiendo plácido,

dormido en las armónicas corrientes
cruzaba los desiertos de la Esfinge
en su cuna y en pos de su destino
    mi pobre espíritu.

Aquí bajo tus piedras que adurmieron
los pesares de cien generaciones
de hijos de este Bilbao de mis entrañas,
  gusté al Paráclito.

Aquí lloraron ellos, en sus luchas
revueltas, suplicaron en los días
en que a tus puertas derramaban sangre
  de rabia lívidos.

Este su asilo fuera en las candentes
peleas de los bandos, y el empuje
de sus oleadas de pasión rompía
  contra tu pórtico.

Madre de la Piedad, dulce patrona,
llorando aquí vinieron a pedirte
pidieras al Señor dura venganza
  viudas y huérfanos.

Y venganza clamaban contemplando
sobre al altar, en su corcel brioso,
al Apóstol blandir, del Trueno Hijo,
  su espada fúlgida.

Aquí en torno de ti, en las machinadas,
rugió la aldeanería sus rencores,
mientras, isla, te alzabas por encima
  del mar de cóleras.

Aquí, bajo el silencio de tus piedras,
mientras la nieve se fundía en sangre,
siguió a la noche triste de Luchana
  Tedéum de júbilo.

Y aquí, más tarde, cuando ya mi mente
se abría al mundo, resonó de nuevo
al verte libre en alborear de Mayo,
    la gloria cívica.

Aquí mientras cruzaba el mar el buque
del mercader, trayendo la fortuna,
venía él a pedir propicios vientos
    para su tráfico.

Y aquí han llorado muchos su rüina,
y aquí han venido, ¡oh Madre dolorosa!,
a preguntarte el pan para sus hijos
    dónde buscárselo.

Aquí, bajo tus piedras confidentes,
mientras el cielo en lluvia se vertía,
vertieron en secreto sus pesares
    tus hijos míseros.

Tú sabes los dolores que murieron,
tú las tragedias que tragó la tumba,
en ti de mi Bilbao duerme la historia
    sueño enigmático.

Y hoy al entrar en ti siento en mi pecho
luchas de bandos y civiles guerras,
y con rabia de hermanos se desgarran
    en mí mis ímpetus.

Y la congoja el corazón me oprime
al ver cómo al bajel de mi tesoro
lo envuelve la galerna mientras cruza
    de Dios el piélago.

¡Oh mi Bilbao! Tu vida tormentosa
la he recogido yo; tus banderizos
junto a tus mercaderes en mi alma
        viven sus vértigos.

Dentro, en mi corazón, luchan dos bandos,
y dentro de él me roe la congoja
de no saber dónde hallará mañana
        su pan mi espíritu.

Vives en mí, Bilbao de mis ensueños;
sufres en mí, mi villa tormentosa;
tú me me hiciste en tu fragua de dolores
        y de ansias ávidas.

Como tu cielo es el de mi alma triste
y en él llueve tristeza a fino orvallo,
y, como tú, entre férreas montañas
        sueño agitándome.

Y no encuentro salida a mis anhelos
sino hacia el mar que azotan las galernas,
donde el pobre bajel de mi tesoro
        zozobra náufrago.

Por eso vengo a ti, santa basílica,
que al corazón gigante de mi pueblo
diste para aplacarle de tus naves
        la calma gótica.

Yo soy mi pueblo, templo venerando;
aplaca mis congojas, adormece
este sufrir, para que así consiga
        seguir sufriéndolo.

Hazlo y te juro yo con mis dolores
levantar a mi pueblo por los siglos
donde sus almas tormentosas canten
        otra basílica.

Y tal vez cuando tú rendida entregues
tus piedras seculares a mi tierra,
la altiva flecha de mi templo entorne
        tus glorias últimas.

AL SUEÑO

¡Dueño amoroso y fuerte,
en los reveses de la ciega suerte
y en los combates del amor abrigo,
del albedrío dueño,
del alma enferma cariñoso amigo,
fiel y discreto sueño!
Eres tú de la paz eterna y honda
del último reposo
el apóstol errante y misterioso
que en torno nuestro ronda
y que nos mete al alma
cuando luchando por vivir padece,
la dulce y santa calma
que a la par que la aquieta la enardece.
Al débil das escudo,
robusto y bien ceñido,
para el combate rudo,
¡el escudo compacto del olvido!
Fortificas al fuerte
dando a su vida fuerzas de la muerte.
Tú con tierno cariño
nos meces en tu seno
como la madre al niño,
cantándonos canciones
con suave ritmo de caricias lleno,
y cuando llega tu hora,
jadeantes se tienden las pasiones
a dormir a tu sombra bienhechora.

En tu divina escuela,
neta y desnuda y sin extraño adorno,
la verdad se revela,
paz derramando en torno;
al oscuro calor de tu regazo,
contenta y recogida,
como el ave en su nido,
libre de ajeno lazo,
desnuda alienta la callada vida
acurrucada en recatado olvido,
lejos del mundo, de la luz y el ruido,
lejos de su tumulto
que poco a poco el alma nos agota,
en el rincón oculto
en que la fuente de la calma brota.

De tu apartado hogar en el asilo
como una madre tierna
da en su pecho tranquilo
al hijo dulce leche nutritiva,
tú nos das la verdad eterna y viva
que nos sostiene el alma,
la alta verdad augusta,
la fuente de la calma
que nos consuela de la adversa suerte,
la fe viva y robusta
de que la vida vive de la muerte.

Cuando al que sirve sin rencor ni dolo
del ideal en el confín futuro,
a la verdad tan sólo,
le dejan solo en la tenaz porfía,
tú no le dejas,
tú le sirves de atenta compañía,
tú con voz silenciosa le aconsejas,
y en horas de tristeza
le das tu soledad por fortaleza.

Cual se alzan ruidosos los torrentes
de escarpadas montañas
por abruptas vertientes
a descansar del lago en las entrañas
donde el mullido lecho
los despojos que arrastran de desecho
son de vidas innúmeras la cuna,
así nuestras pasiones
arrastran a tu lecho, sueño manso,
perdidas ilusiones
que a favor del remanso
entretejen en ti una isla vaga,
isla de libertad y de descanso,
retiro de la maga
soberana señora fantasía
que da cuerpo y figura
a cuanto el pecho ansía,
sacando de tu hondura
en la dulce visión sin consistencia,
consuelo de la mísera existencia.
Eres el lago silencioso y hondo
de reposada orilla,
el lago en cuyo fondo
descansa del desgaste el sedimento,
donde toda mancilla
se purga a curso lento
y en que por magia de sutil mudanza
se convierte en recuerdo la esperanza.
Cuando se acuesta el sol en el ocaso
deja tras su carrera,
vibrando luminoso en la alta esfera,
el áureo polvo de su augusto paso,
polvo que lento posa
en las faldas oscuras

de la noche callada y tenebrosa;
y allá por las alturas
del infinito, abriéndose encendida,
la creación augusta se revela
en campo sin medida
que con engaño el sol de día cela
al mostrarnos cual sólida techumbre
que a nuestro mundo encierra
el insondable mar del firmamento
en que esta pobre tierra
se pierde en la infinita muchedumbre
de los mundos sin cuento.
Al disiparse así en tu regazo
el sol de la vigilia engañadora,
¡oh sueño!, ¡mar sin fondo y sin orilla!,
mundos sin cuento surgen de tu seno
en que palpita y brilla
la creación del alma soñadora,
en campo tan sereno
cual el del cielo en noche recogida
que a la oración convida,
y brotan a lo lejos
de remotas estrellas ideales
los pálidos reflejos,
envolviéndose en magia soberana
el fondo eterno de la vida humana.
¡Dueño amoroso y fuerte
en los reveses de la ciega suerte,
y en los combates del amor abrigo,
del albedrío dueño,
del alma enferma cariñoso amigo,
fiel y discreto sueño!
Acógenos con paz entre tus brazos,
rompe con puño fuerte,

del sentido los lazos,
¡apóstol de la muerte!
¡Pon tu mano intangible y redentora
sobre el pecho que llora,
y danos a beber en tu bebida
remedio contra el sueño de la vida!

EN EL DESIERTO

¡Casto amor de la vida solitaria,
rebusca encarnizada del misterio,
sumersión en la fuente de la vida,
    recio consuelo!

Apartaos de mí, pobres hermanos;
dejadme en el camino del desierto,
dejadme a solas con mi propio sino,
    sin compañero.

Quiero ir allí, a perderme en sus arenas
solo con Dios, sin casa y sin sendero,
sin árboles ni flores, ni vivientes,
    los dos señeros.

En la tierra yo solo, solitario,
Dios solo y solitario allá en el cielo,
y entre los dos la inmensidad desnuda
    su alma tendiendo.

Le habla allí sin testigos maliciosos,
a voz herida le hablo y en secreto,
y Él en secreto me oye y mis gemidos
    guarda en su pecho.

Me besa Dios con su infinita boca,
con su boca de amor que es toda fuego,
en la boca me besa y me la enciende
    toda en anhelo.

Y enardecido así me vuelvo a tierra,
me pongo con mis manos en el suelo
a escarbar las arenas abrasadas,
          sangran los dedos,

saltan las uñas, zarpas de codicia,
baña el sudor mis castigados miembros,
en las venas la sangre se me yelda,
          sed de agua siento.

de agua de Dios que el arenal esconde,
de agua de Dios que duerme en el desierto,
de agua que corre refrescante y clara
          bajo aquel suelo;

del agua oculta que la adusta arena
con amor guarda en el estéril seno,
de agua que aun lejos de la lumbre vive
          llena de cielo.

Y cuando un sorbo, manantial de vida,
me ha revivido el corazón y el seso,
alzo mi frente a Dios y de mis ojos
          en curso lento

al arenal dos lágrimas resbalan,
que se las traga en el estéril seno,
y allí a juntarse con las aguas puras,
          llevan mi anhelo.

Quedad vosotros en las mansas tierras
que las aguas reciben desde el cielo
que mientras llueve, Dios su rostro en nubes
          vela severo.

Quedaos en los campos regalados
de árboles, flores, pájaros...; os dejo
todo el regalo en que vivís hundidos
        y de Dios ciegos.

Dejadme solo y solitario, a solas
con mi Dios solitario, en el desierto;
me buscaré en sus aguas soterrañas
        recio consuelo.

AL NIÑO ENFERMO

Duerme niño chiquito,
que viene el Coco,
a llevarse a los niños
que duermen poco.

Popular.

Duerme, flor de mi vida,
duerme tranquilo,
que es del dolor el sueño
tu único asilo.

Duerme, mi pobre niño,
goza sin duelo
lo que te da la Muerte
como consuelo.

Como consuelo y prenda
de su cariño,
de que te quiere mucho,
mi pobre niño.

Pronto vendrá con ansia
de recogerte
la que te quiere tanto,
la dulce Muerte.

Dormirás en sus brazos
el sueño eterno,
y para ti, mi niño,
no habrá ya invierno.

No habrá invierno ni nieve,
mi flor tronchada;
te cantará en silencio
dulce tonada.

¡Oh qué triste sonrisa
riza tu boca!...
Tu corazón acaso
su mano toca.

¡Oh qué sonrisa triste
tu boca riza!
¿Qué es lo que en sueños dices
a tu nodriza?

A tu nodriza eterna
siempre piadosa,
la Tierra en que en paz santa
todo reposa.

Cuando el Sol se levante,
mi pobre estrella,
derretida en el alba
te irás con ella.

Morirás con la aurora,
flor de la muerte;
te rechaza la vida
¡qué hermosa suerte!

El sueño que no acaba
duerme tranquilo
que es del dolor la muerte
tu único asilo.

MÚSICA

¿Música? ¡No! No así en el mar de bálsamo
me adormezcas el alma;
no, no la quiero;
no cierres mis heridas —mis sentidos—
al infinito abiertas,
sangrando anhelo.
Quiero la cruda luz, la que sacude
los hijos del crepúsculo
mortales sueños;
dame los fuertes a la luz radiante
del lleno mediodía
soñar despierto.
¿Música? ¡No! No quiero los fantasmas
flotantes e indecisos,
sin esqueleto;
los que proyectan sombra y que mi mano
sus huesos crujir haga,
son los que quiero.
Ese mar de sonidos me adormece
con su cadencia de olas
el pensamiento,
y le quiero piafando aquí en su establo
con las nerviosas alas,
Pegaso preso.
La música me canta ¡sí, sí!, me susurra
y en ese sí perdido
mi rumbo pierdo;
dame lo que al decirme ¡no! azuce

mi voluntad volviéndome
todo mi esfuerzo.
La música es reposo y es olvido,
todo en ella se funde
fuera del tiempo;
toda finalidad se ahoga en ella,
la voluntad se duerme
falta de peso.

EN LA MUERTE DE UN HIJO

Abrázame, mi bien, se nos ha muerto
        el fruto del amor;
abrázame, el deseo está a cubierto
        en surco de dolor.

Sobre la huesa de ese bien perdido,
        que se fué a todo ir,
la cuna rodará del bien nacido,
        del que está por venir.

Trueca en cantar los ayes de tu llanto,
        la muerte dormirá;
rima en endecha tu tenaz quebranto,
        la vida tornará.

Lava el sudario y dale sahumerio,
        pañal de sacrificio,
pasará de un misterio a otro misterio,
        llenando santo oficio.

Que no sean lamentos del pasado,
        del porvenir conjuro,
bricen, más bien, su sueño sosegado
        hosanas al futuro.

Cuando al ponerse el sol te enlute el cielo
        con sangriento arrebol,
piensa, mi bien: "a esta hora de mi duelo
        para alguien sale el sol".

Y cuando vierta sobre ti su río
de luz y de calor,
piensa que habrá dejado oscuro y frío
algún rincón de amor.

Es la rueda: día, noche; estío, invierno;
la rueda: vida, muerte...
Sin cesar así rueda, en curso eterno,
¡tragedia de la suerte!

Esperando el final de la partida
damos pasto al anhelo,
con cantos a la muerte henchir la vida,
tal es nuestro consuelo.

VERÉ POR TI

"Me desconozco", dices; mas mira, ten por cierto
que a conocerse empieza el hombre cuando clama
   "me desconozco", y llora;
entonces a sus ojos el corazón abierto
descubre de su vida la verdadera trama;
   entonces es su aurora.

No, nadie se conoce, hasta que no le toca
la luz de un alma hermana que de lo eterno llega
   y el fondo le ilumina;
tus íntimos sentires florecen en mi boca,
tu vista está en mis ojos, mira por mí, mi ciega,
   mira por mí y camina.

"Estoy ciega", me dices; apóyate en mi brazo
y alumbra con tus ojos nuestra escabrosa senda
   perdida en lo futuro;
veré por ti, confía; tu vista es este lazo
que a ti me ató, mis ojos son para ti la prenda
   de un caminar seguro.

¿Qué importa que los tuyos no vean el camino,
si dan luz a los míos y me lo alumbran todo
   con su tranquila lumbre?
Apóyate en mis hombros, confíate al Destino,
veré por ti, mi ciega, te apartaré del lodo,
   te llevaré a la cumbre.

Y allí, en la luz envuelta, se te abrirán los ojos
verás cómo esta senda tras de nosotros lejos,
          se pierde en lontananza
y en ella de esta vida los míseros despojos,
y abrírsenos radiante del cielo a los reflejos
          lo que es hoy esperanza.

Poesías, 1907.

Pasaron como pasan por la cumbre
rezagadas las nubes del estío
sin dejar en los riscos el rocío
de sus pechos; pasaron, y la lumbre

del sol, desenvainada, pesadumbre
para su frente fué; lejos, el río,
por la fronda velado, a mi desvío
cantando reclamaba a la costumbre.

De la montaña al pie verdeaba el valle
del sosiego en eterna primavera,
rompía entre sus árboles la calle

pedregosa que sube a la cantera,
y en el delirio el susurrar del dalle
de la muerte segando en la ribera.

DE VUELTA A CASA

*Al salir de Bilbao,
lloviendo, el 20-IX-10.*

Desde mi cielo a despedirme llegas
fino orvallo que lentamente bañas
los robledos que visten las montañas
de mi tierra y los maíces de sus vegas.

Compadeciendo mi secura riegas
montes y valles, los de mis entrañas,
y con tu bruma el horizonte empañas
de mi sino y así en la fe me anegas.

Madre Vizcaya, voy desde tus brazos
verdes, jugosos, a Castilla enjuta,
donde fieles me aguardan los abrazos

de costumbre, que el hombre no disfruta
de libertad si no es preso en los lazos
del amor, compañero de la ruta.

MEDINA LA DEL CAMPO

En la del Campo secular Medina,
junto al rubio Castillo de la Mota
que al cielo de Castilla yergue rota
su torre, cual blasón de la rüina

de aquella hidalga tierra isabelina,
la de cruz y espadón, sotana y cota,
que allende el mar, en extensión remota,
vendió su sangre al precio de una mina,

velan el sol con su humareda sucia
turbando el sueño de Isabel los trenes,
mientras Maese Luzbel, que con la astucia

de su saber nos tiene el alma en rehenes,
sobre esta España que avariento acucia
vuelca el raudal de los dudosos bienes.

LA PARRA DE MI BALCÓN

El sol de otoño ciernes de mi alcoba
en el ancho balcón, rectoral parra
que do zarcillos con la tierna garra
prende su hierro. Y rimo alguna trova

en ratos que el oficio no me roba
a tu susurro, de esta tierra charra
viejo eco de canción. No irán a jarra
cual las que sufren del lagar la soba,

parra de mi balcón, tus verdes uvas;
para mi mesa guardo los opimos
frutos del sol de otoño bien repletos;

no quiero que prensados en las cubas
de vino se confundan mis racimos
y con ellos se pierdan mis sonetos.

LA ORACIÓN DEL ATEO

Oye mi ruego Tú, Dios que no existes,
y en tu nada recoge estas mis quejas,
Tú que a los pobres hombres nunca dejas
sin consuelo de engaño. No resistes

a nuestro ruego y nuestro anhelo vistes.
Cuando Tú de mi mente más te alejas,
más recuerdo las plácidas consejas
con que mi ama endulzóme noches tristes.

¡Qué grande eres, mi Dios! Eres tan grande
que no eres sino Idea; es muy angosta
la realidad por mucho que se expande

para abarcarte. Sufro yo a tu costa,
Dios no existente, pues si Tú existieras
existiría yo también de veras.

EN MI CUADRAGÉSIMO SEXTO
ANIVERSARIO

29-IX-10.

Ahora que ya por fin gané la cumbre,
a mis ojos la niebla cubre el valle
y no distingo a dónde va la calle
de mi descenso. Con la pesadumbre

de los agüeros vuelvo hacia la lumbre
que mengua la mirada. Que se acalle
te pido esta mi ansión y que tu dalle
siegue al cabo, Señor, toda mi herrumbre.

Cuando puesto ya el sol contra mi frente
me amaguen de la noche las tinieblas,
Tú, Señor de mi años, que clemente

mis esperanzas con recuerdos pueblas,
confórtame al bajar de la pendiente;
de las nieblas salí, vuelvo a las nieblas.

PORTUGAL

Del atlántico mar en las orillas
desgreñada y descalza una matrona
se sienta al pie de sierras que corona
triste pinar. Apoya en las rodillas

los codos y en las manos las mejillas
y clava ansiosos ojos de leona
en la puesta del sol; el mar entona
su trágico cantar de maravillas.

Dice de luengas tierras y de azares
mientras ella, sus pies en las espumas
bañando, sueña en el fatal imperio

que se le hundió en los tenebrosos mares,
y mira cómo entre agoreras brumas
se alza Don Sebastián, rey del misterio.

RAZÓN Y FE

Levanta de la fe el blanco estandarte
sobre el polvo que cubre la batalla
mientras la ciencia parlotea, y calla
y oye sabiduría y obra el arte.

Hay que vivir, y fuerza es esforzarte
a pelear contra la vil canalla
que se anima al restalle de la tralla,
y ¡hay que morir!, exclama. Pon tu parte

y la de Dios espera, que abomina
del que cede. Tu ensangrentada huella
por los mortales campos encamina

hacia el fulgor de tu eternal estrella;
hay que ganar la vida, que no fina,
con razón, sin razón o contra ella.

JUNTO A LA LAGUNA DEL CRISTO
EN LA ALDEHUELA DE YELTES,
UNA NOCHE DE LUNA LLENA

Noche blanca en que el agua cristalina
duerme queda en su lecho de laguna
sobre la cual redonda llena luna
que ejército de estrellas encamina

vela, y se espeja una redonda encina
en el espejo sin rizada alguna;
noche blanca en que el agua hace de cuna
de la más alta y más honda doctrina.

Es un rasgón del cielo que abrazado
tiene en sus brazos la Naturaleza;
es un rasgón del cielo que ha posado

y en el silencio de la noche reza
la oración del amante resignado
sólo al amor, que es su única riqueza.

EN LA MANO DE DIOS

> *Na mão de Deus, na sua mão direita.*
> ANTHERO DE QUENTAL: Soneto.

Cuando, Señor, nos besas con tu beso
que nos quita el aliento, el de la muerte,
el corazón bajo el aprieto fuerte
de tu mano derecha queda opreso.

Y en tu izquierda, rendida por su peso
quedando la cabeza, a que revierte
el sueño eterno, aún lucha por cogerte
al disiparse su angustiado seso.

Al corazón sobre tu pecho pones
y como en dulce cuna allí reposa
lejos del recio mar de las pasiones,

mientras la mente, libre de la losa
del pensamiento, fuente de ilusiones,
duerme al sol en tu mano poderosa.

MURALLA DE NUBES

Oh pardas nubes, almas de los montes,
que recuerdos traéis aquí a la nava
de aquel rincón en donde el ama esclava
vivía de vosotras; cual bisontes

en rebaño pasáis, los horizontes
encrespando, en fingida sierra brava
que no a la tierra, sino al cielo grava
con su mole. Por mucho que remontes

tu vuelo, mi alma, esa encrespada sierra
de nubes nunca franquearás, muralla
será de tus anhelos; de la tierra,

no la tierra, las nubes de que se halla
ceñida hacen la cerca que te encierra
en el estrecho campo de batalla.

DOLOR COMÚN

Cállate, corazón, son tus pesares
de los que no deben decirse, deja
se pudran en tu seno; si te aqueja
un dolor de ti solo no acibares

a los demás la paz de sus hogares
con importuno grito. Esa tu queja,
siendo egoísta como es, refleja
tu vanidad no más. Nunca separes

tu dolor del común dolor humano,
busca el íntimo, aquel en que radica
la hermandad que te liga con tu hermano,

el que agranda la mente y no la achica;
solitario y carnal es siempre vano;
sólo el dolor común nos santifica.

AL AMOR DE LA LUMBRE

Dulcissime vanus Homerus.
SAN AGUSTÍN: *Confesiones.*

Al amor de la lumbre cuya llama
como una cresta de la mar ondea.
Se oye fuera la lluvia que gotea
sobre los chopos. Previsora el ama

supo ordenar que se me temple la cama
con sahumerio. En tanto la Odisea
montes y valles de mi pecho orea
de sus ficciones con la rica trama

preparándome al sueño. Del castaño
que más de cien generaciones de hoja
criara y vió morir cabe el escaño

abrasándose el tronco con su roja
brasa me reconforta. ¡Dulce engaño
la ballesta de mi inquietud afloja!

DULCE SILENCIOSO PENSAMIENTO

Sweet silent thought.
SHAKESPEARE: Sonnet **XXX**

En el fondo, las risas de mi hijos;
yo, sentado al amor de la camilla;
Heródoto me ofrece rica cilla
del eterno saber, y entre acertijos

de la Pitia venal, cuentos prolijos,
realce de la eterna maravilla,
de nuestro sino. Frente a mí, en su silla,
ella cose, y teniendo un rato fijos

mis ojos de sus ojos en la gloria,
digiero los secretos de la historia,
y en la paz santa que mi casa cierra,

al tranquilo compás de un quieto aliento,
ara en mí, como un manso buey la tierra,
el dulce silencioso pensamiento.

NON SERVIAM!

Vive la liberté!
Cualquier esclavo.

"¡No serviré!", gritó no bien naciera
una conciencia de sí misma, lumbre
de las tinieblas del no ser; la cumbre
del cielo tenebroso ardió en la hoguera

del conocer fatal; toda la esfera
en su seno sintió la reciedumbre
de haber sido creada, pesadumbre
de la nada, su madre, y a la fiera

voz de reto los mundos en sus gonces
rechinaron de espanto y ese grito
perdura sin cesar en las edades;

y esclavos los mortales desde entonces
cantan, puesta la vista al infinito,
sombras de libertad, las libertades.

Rosario de sonetos líricos (1912).

EN UN CEMENTERIO DE LUGAR
CASTELLANO

Corral de muertos, entre pobres tapias,
        hechas también de barro,
pobre corral donde la hoz no siega,
sólo una cruz en el desierto campo
        señala tu destino.
    Junto a esas tapias buscan el amparo
del hostigo del cierzo las ovejas
al pasar trashumantes en rebaño,
y en ellas rompen de la vana historia,
como las olas, los rumores vanos.
        Como un islote en junio,
        te ciñe el mar dorado
de las espigas que a la brisa ondean,
y canta sobre ti la alondra el canto
        de la cosecha.
Cuando baja en la lluvia el cielo al campo
baja también sobre la santa hierba
        donde la hoz no corta,
de tu rincón, ¡pobre corral de muertos!,
y sienten en sus huesos el reclamo
        del riego de la vida.
Salvan tus cercas de mampuesto y barro
        las aladas semillas,
o te las llevan con piedad los pájaros,
y crecen escondidas amapolas,
clavelinas, magarzas, brezos, cardos,
        entre arrumbadas cruces,

no más que de las aves libre pasto.
Cavan tan sólo en tu maleza brava,
   corral sagrado,
para de un alma que sufrió en el mundo
   sembrar el grano;
   luego sobre esa siembra
   ¡barbecho largo!
Cerca de ti el camino de los vivos,
no como tú, con tapias, no cercado,
   por donde van y vienen,
   ya riendo o llorando,
¡rompiendo con sus risas o sus lloros
el silencio inmortal de tu cercado!
Después que lento el sol tomó ya tierra,
   y sube al cielo el páramo
a la hora del recuerdo,
al toque de oraciones y descanso,
   la tosca cruz de piedra
   de tus tapias de barro
queda, como un guardián que nunca duerme,
de la campiña el sueño vigilando.
   No hay cruz sobre la iglesia de los vivos,
en torno de la cual duerme el poblado;
la cruz, cual perro fiel, ampara el sueño
de los muertos al cielo acorralados.
¡Y desde el cielo de la noche, Cristo,
   el Pastor Soberano,
con infinitos ojos centelleantes,
recuenta las ovejas del rebaño!
¡Pobre corral de muertos entre tapias
   hechas del mismo barro,
sólo una cruz distingue tu destino
en la desierta soledad del campo!

EL CRISTO YACENTE DE SANTA CLARA
(IGLESIA DE LA CRUZ) DE PALENCIA

Éste es aquel convento de franciscas,
de la antigua leyenda;
aquí es donde la Virgen toda cielo
hizo por largos años de tornera,
cuando la pobre Margarita, loca,
de eterno amor sedienta,
lo iba a buscar donde el amor no vive,
en el seco destierro de esta tierra.
Éste es aquel convento de las Claras,
las hijas de la dulce compañera
del Serafín de Asís, que desde Italia
sembró estas flores en la España nuestra,
blancos lirios del páramo sediento
que en aroma conviértennos la queja.
Las pobres en el claustro que un tenorio
deslumbró con la luz de la tragedia,
llevándose a la pobre Margarita,
con su sed de ser madre, la tornera,
mientras la dulce lámpara brillaba
que ante la Madre Virgen encendieran,
cunan, vírgenes madres, como a un niño,
al Cristo formidable de esta tierra.
Este Cristo inmortal como la muerte
no resucita; ¿para qué?, no espera
sino la muerte misma.
De su boca entreabierta,
negra como el misterio indescifrable

fluye hacia la nada,
a la que nunca llega,
disolvimiento.
Porque este Cristo de mi tierra es tierra.
    Dormir, dormir, dormir..., es el descanso
de la fatiga eterna,
y del trabajo de vivir que mata
es la trágica siesta.
No la quietud de paz en el ensueño,
sino profunda inercia,
y cual doliente humanidá, en la sima
de sus entrañas negras,
en silencio montones de gusanos
le verbenean.
    Cristo que, siendo polvo, al polvo ha vuelto;
Cristo que, pues que duerme, nada espera.
Del polvo prehumano con que luego
nuestro Padre del cielo a Adán hiciera
se nos formó este Cristo trashumano,
sin más cruz que la tierra;
del polvo eterno de antes de la vida
se hizo este Cristo, tierra;
de después de la muerte;
porque este Cristo de mi tierra es tierra.
    "¡No hay nada más eterno que la muerte;
todo se acaba —dice a nuestras penas—;
no es ni sueño la vida;
todo no es más que tierra;
todo no es sino nada, nada, nada...,
y hedionda nada que al soñarla, apesta!"
Es lo que dice el Cristo pesadilla;
porque este Cristo de mi tierra es tierra.
    Cierra los dulces ojos con que el otro
desnudó el corazón a Magdalena,

y hacia dentro de sí mirando, ciego,
ve las negruras de su gusanera.
   Este Cristo cadáver,
que como tal no piensa,
libre está del dolor del pensamiento,
de la congoja atroz que allá en la huerta
del olivar al otro
—con el alma colmada de tristeza—
le hizo pedir al Padre que le ahorrara
el cáliz de la pena.
Cuajarones de sangre sus cabellos
prenden, cuajada sangre negra,
que en el Calvario le regó la carne,
pero esa sangre no es ya sino tierra.
¡Grumos de sangre del dolor del cuerpo,
grumos de sangre seca!
Mas del sudor los densos goterones,
¡de aquel sudor de angustia de la recia
batalla del espíritu,
de aquel sudor con que la seca tierra
regó, de aquellos densos goterones,
rastro alguno le queda!
Evaporóse aquel sudor llevando
el dolor de pensar a las esferas
en que sufriendo el pobre pensamiento,
buscando a Dios sin encontrarlo, vuela.
Y ¿cómo ha de dolerle el pensamiento
si es sólo carne muerta,
mojama recostrada con la sangre,
cuajada sangre negra?
Ese dolor de espíritu no habita
en carne, sangre y tierra.
   No es este Cristo el Verbo
que se encarnara en carne vividera;
este Cristo es la Gana, la real Gana.

que se ha enterrado en tierra;
la pura voluntad que se destruye
muriendo en la materia;
una escurraja de hombre troglodítico
con la desnuda voluntad que, ciega,
escapando a la vida,
se eterniza hecha tierra.

   Este Cristo español que no ha vivido,
negro como el mantillo de la tierra,
yace cual la llanura,
horizontal, tendido,
sin alma y sin espera,
con los ojos cerrados cara al cielo
avaro en lluvia y que los panes quema.
Y aun con sus negros pies de garra de águila
querer parece aprisionar la tierra.

   ¡O es que Dios penitente acaso quiso
para purgar de culpa su conciencia
por haber hecho al hombre, y con el hombre
la maldad y la pena,
vestido de este andrajo miserable,
gustar muerte terrena!

   La piedad popular ve que las uñas
y el cabello le medran,
de la vida lo córneo, lo duro,
supersticiones secas,
lo que araña, y aquello de que se ase
la segada cabeza.

   La piedad maternal de aquellas pobres
hijas de Santa Clara le cubriera
con faldillas de blanca seda y oro
las hediondas vergüenzas,
aunque el zurrón de huesos y de podre
no es ni varón ni hembra;
que este Cristo español sin sexo alguno,

más allá yace de esa diferencia
que es el trágico nudo de la historia,
pues este Cristo de mi tierra es tierra.

  Oh Cristo pre-cristiano y post-cristiano,
Cristo todo materia,
Cristo árida carroña recostrada
con cuajarones de la sangre seca,
el Cristo de mi pueblo es este Cristo;
carne y sangre hechas tierra, tierra, tierra.

  Y las pobres franciscas del convento
en que la Virgen Madre fué tornera
—la Virgen toda cielo y toda vida,
sin pasar por la muerte al cielo vuelta—
cunan la muerte del terrible Cristo
que no despertará sobre la tierra,
porque él, el Cristo de mi tierra, es sólo
tierra, tierra, tierra...,
carne que no palpita,
tierra, tierra, tierra, tierra...,
cuajarones de sangre que no fluye,
tierra, tierra, tierra, tierra...
  ¡Y tú, Cristo del cielo,
redímenos del Cristo de la tierra!

Andanzas y visiones españolas (1922).

Hoy te gocé, Bilbao. Por la mañana
topé con un paisano,
como yo, por su dicha, un hijo tuyo.
En sus ojos la luz del Ibaizabal
y en el acento de su hablar el alma,
febril en su sosiego,
que te anima, mi villa.
Era el tonillo, el aire en que vibraron
cuando era mi alma virgen
vírgenes las palabras
en ella entrando.
Te respiré, Bilbao, y nos sentimos
yo y tu otro hijo hermanos
en bilbainía.
Tuve un rato en mis manos
su mano abandonada,
y al despedirnos, para mí, me dije:
hermanos somos todos los humanos,
el mundo entero es un Bilbao más grande.

INCIDENTE DOMÉSTICO

Traza la niña toscos garrapatos,
de escritura remedo,
me los presenta y dice
con un mohín de inteligente gesto:
"¿Qué dice aquí, papá?"
Miro unas líneas que parecen versos.
"¿Aquí?" "Sí, aquí; lo he escrito yo; ¿qué dice?
porque yo no sé leerlo..."
"¡Aquí no dice nada!",
le contesté al momento.
"¿Nada?", y se queda un rato pensativa
—o así me lo parece, por lo menos,
pues ¿está en los demás o está en nosotros
eso a que damos en llamar talento?—.
    Luego, reflexionando, me decía:
¿Hice bien revelándole el secreto?
—no el suyo ni el de aquellas toscas líneas,
el mío, por supuesto—.
¿Sé yo si alguna musa misteriosa,
un subterráneo genio,
un espíritu errante que a la espera
para encarnar está de humano cuerpo,
no le dictó esas líneas
de enigmáticos versos?
¿Sé yo si son la gráfica envoltura
de un idioma de siglos venideros?

¿Sé yo si dicen algo?
¿He vivido yo acaso de ellas dentro?
   No dicen más los árboles, las nubes,
los pájaros, los ríos, los luceros...
¡No dicen más y nos lo dicen todo!
¿Quién sabe de secretos?

El tiempo se ablandó, verdea el trigo;
mayo está encima.
¿Y qué es esto de así brotar las mieses?
¡Esto es un dogma!
Si alguien dijera que por esto o lo otro,
¡sea anatema!
Brotaron... porque sí, porque brotaron,
sin porqué acaso.
Ello es cosa de fe, y el que no crea
que brotan porque sí, místicamente,
¡sea anatema!

* * *

De este árbol a la sombra
descansó un día;
de esto hace ya más de trescientos años,
y aún el recuerdo en su follaje vibra.
Y ese sagrado ruiseñor que el nido
guarda en las ramas, guarda la doctrina
que de labios oyó del santo andante
un ruiseñor como él. Cuando declina
el mismo sol de entonces
y va alargando al pie de la colina
del árbol secular la fresca sombra,
gorjea la avecilla
las palabras que el hombre en lengua humana
dijo a lengua del cielo traducidas.
El árbol las entiende y su follaje
oyéndolas palpita.

Todas las tardes de paseo sube,
dejando al sol de espalda
y llevando en los ojos soñadores
aún encendida el alba;
a la estación todas las tardes sube.
Delante de ella va su sombra larga,
larga como el ensueño.
Va a ver el tren que pasa,
los que vienen y van y no se quedan.
Sus ojos vuelve triste a la montaña,
luego que ya en su cima el sol se acuesta.
Y el alba que en sus ojos aún moraba
se vuelve anochecer, sin mediodía,
y al pueblo vuelve. Ya su sombra larga
se derritió en la sombra de la tierra.
Y así los días pasan.

* * *

Noi leggevamo un giorno per diletto
di Lancilotto.

Fué así leyendo un libro
— ¡Sempiternos galeotos!—,
fué así; luego subieron de las páginas
los ojos a los ojos,
y las manos que juntas lo tenían
se soltaron de pronto...

Soltáronse para subirse al cuello.
para crisparse en gozo;
soltáronse para un más recio nudo
de pechos anhelosos...
Y el libro se cerró a su propio peso,
testigo mudo y sordo...
¿Sordo? ¡Quién sabe!... ¡Quién sabe si mudo!
Ese libro hablará; ¡lo dirá todo!
¡Qué de historias no celan en sus páginas
los libros, los galeotos!
¡Y no se callan, no; temprano o tarde
revelan fieles sus secretos todos!

VIENDO DORMIR A UN NIÑO

Sueño de niño
es como flor que se abre allá en la cumbre
de la montaña, margarita de armiño,
vera del cielo,
que no la empaña
polvareda del valle del tumulto
ni herrumbre,
como a sueño de adulto.
Cuando aquí, junto a mí, dormir te veo,
niño, creo volver a la mañana
primera
en que Adán, el eterno,
abrió sus ojos a la primavera
recién nacida, y no de padre invierno.
A través de tus párpados,
pétalos rosa de pureza angélica,
de célica visión místico velo,
cielo del alba primordial divino
adivino en tus ojos.
Allí dentro, detrás de esa cortina
sin mancha, de sagrario,
duerme su paz tu alma que ilumina
mi camino.
El misterio mayor de la pureza
en tu sueño palpita,
y es la bendita gracia que se ha hecho
Naturaleza.

En tus dormidos ojos el arcano
tremendo de la vida,
en ellos el misterio soberano
de la última hora,
que sólo un niño comprender consigue
con su mente de armiño,
aunque lo ignora.
Y ésa en tu boca mística sonrisa,
brisa del cielo,
¿qué no revela,
o qué nos cela, di?
¿Es que estás viendo la verdad suprema,
la crema del saber?
Sí,
la más alta verdad es la del sueño
de un niño,
es el cariño, la íntima hermandad
del universo todo;
porque él duerme de Dios en el regazo
en abrazo con todo lo que es puro,
con todo lo que vive sin saberlo,
del abrigo al seguro.
De tu alma en la laguna,
cuna de calma,
cuando se aduerme,
se refleja la Mente Soberana,
la infinita Inconciencia,
que es la ciencia de Dios.
¡Pídele mientras duermes, niño mío,
que cuando al fin se duerma,
enferma de misterio el alma mía,
para no despertar,
sea con la sonrisa de tu boca
cuando le toca, brisa
de eternidad!

ALDEBARÁN

Rubí encendido en la divina fuente,
Aldebarán,
lumbrera de misterio,
perla de luz en sangre,
¿cuántos días de Dios viste a la tierra,
mota de polvo,
rodar por los vacíos,
rodar la tierra?
¿Viste brotar al Sol recién nacido?
¿Le viste acaso, cual diamante en fuego,
soltarse del anillo
que fué este nuestro coro de planetas
que hoy rondan en su torno,
de su lumbre al abrigo,
como a la vista de su madre juegan,
pendientes de sus ojos,
confiados los hijos?
¿Eres un ojo del Señor en vela,
aunque siempre despierto,
un ojo escudriñando las tinieblas
y contando los mundos
de su rebaño?
¿Le falta acaso alguno?
¿O alguno le ha nacido?
Y más allá de todo lo visible,
¿qué es lo que hay del otro lado del espacio?
Allende el infinito,
di, Aldebarán, ¿qué resta?

¿Dónde acaban los mundos?
¿Todos van en silencio, solitarios,
sin una vez juntarse;
todos se miran a través del cielo
y siguen, siguen,
cada cual solitario en su sendero?
¿No anhelas, di, juntarte tú con Sirio
y besarle en la frente?
¿Es que el Señor un día
en un redil no ha de juntar a todas
las celestes estrellas?
¿No hará de todas ellas
una rosa de luz para su pecho?
¿Qué amores imposibles
guarda el abismo?
¿Qué mensajes de anhelos seculares
transmiten los cometas?
¿Sois hermandad? ¿Te duele,
dime, el dolor de Sirio,
Aldebarán?
¿Marcháis todos a un punto?
¿Oyes al Sol?
¿Me oyes a mí?
¿Sabes que aliento y sufro en esta tierra,
mota de polvo,
rubí encendido en la divina frente,
Aldebarán?
Si es tu alma lo que irradia con tu lumbre,
lo que irradia, ¿es amor?
¿Es tu vida secreto?
¿O no quieres decir nada en la frente
del tenebroso Dios?
¿Eres adorno y nada más que en ella
para propio recreo se colgará?
. . . .

¿Siempre solo, perdido en lo infinito,
Aldebarán,
perdido en la infinita muchedumbre
de solitarios...
sin hermandad?
¿O sois una familia que se entiende,
que se mira los ojos,
que se cambia pensares y sentires
en lo infinito?
¿Os une acaso algún común deseo?
Como tu haz nos llega, dulce estrella,
dulce y terrible,
¿no nos llega de tu alma el soplo acaso,
Aldebarán?
Aldebarán, Aldebarán ardiente,
el pecho del espacio,
di, ¿no es regazo vivo,
regazo palpitante de misterio?
¡Tú sigues a las Pléyades
siglos de siglos,
Aldebarán,
y siempre el mismo trecho te mantienen!
Estos mismos lucientes jeroglíficos
que la mano de Dios trazó en el cielo
vió el primer hombre,
y siempre indescifrables,
ruedan en torno a nuestra pobre tierra.
Su fijidez que salva
el cambiar de los siglos agorero
es nuestro lazo de quietud, cadena
de permanencia augusta;
símbolo del anhelo permanente
de la sed de verdad, nunca saciada,
nos son esas figuras que no cambian,
Aldebarán.

De vosotros, celestes jeroglíficos,
en que el enigma universal se encierra,
cuelgan por los siglos
los sueños seculares;
de vosotros descienden las leyendas
brumosas, estelares,
que cual ocultas hebras
al hombre cavernario nos enlazan.
Él, en la noche de tormenta y hambre,
te vió, rubí impasible,
Aldebarán,
y loco, alguna vez, con su ojo en sangre,
te vió al morir,
sangriento ojo del cielo,
ojo de Dios,
¡Aldebarán!
¿Y cuando tú te mueras?
¿Cuando tu luz al cabo
se derrita una vez en las tinieblas?
¿Cuando frío y oscuro
el espacio sudario
ruedes sin fin y para fin ninguno?
Este techo nocturno de la tierra
bordado con enigmas,
esta estrellada tela
de nuestra pobre tienda de campaña,
¿es la misma que un día vió este polvo
que hoy huellan nuestras plantas,
cuando en humanas frentes
fraguó vivientes ojos?
¡Hoy se alza en remolino
cuando el aire lo azota
y ayer fué pechos respirando vida!
Y ese polvo de estrellas,
ese arenal redondo

sobre que rueda el mar de las tinieblas,
¿no fué también un cuerpo soberano,
sede no fué de un alma,
Aldebarán?
¿No lo es aún hoy, Aldebarán ardiente?
¿No eres acaso, estrella misteriosa,
gota de sangre viva
en las venas de Dios?
¿No es su cuerpo el espacio tenebroso?
Y cuando tú te mueras,
¿qué hará de ti ese cuerpo?
¿Adónde Dios, por su salud luchando,
te habrá de segregar, estrella muerta,
Aldebarán?
¿A qué tremendo muladar de mundos?
. . . .
¡Sobre mi tumba, Aldebarán, derrama
tu luz de sangre,
y si un día volvemos a la Tierra,
te encuentre inmoble, Aldebarán, callando
del eterno misterio la palabra!
¡Si la verdad Suprema nos ciñese
volveríamos todos a la nada!
De eternidad es tu silencio prenda,
¡Aldebarán!

Pobre Miguel, tus hijos de silencio,
aquellos en que diste tus entrañas,
van en silencio y solos
pasando por delante de las casas,
mas sin entrar en ellas,
pues los miran pasar como si fuesen
mendigos que molestan, no los llaman;
y aquellos adoptivos, de bullanga,
sin padre conocido,
aquellos que arrancados a la masa
les prestaste tu nombre,
éstos son con aplauso y algazara
recibidos; son éstos
los que tu nombre llevan, traen y exaltan.
¡Cómo ha de ser!... Son suyos,
de los que así los miman, de su raza,
en ellos reconocen algo propio,
los engendraron ellos mismos. Nada
debe, pues, extrañarte los festejen;
son sus padres. Aguarda
para tus propios hijos mejor tiempo,
déjalos al mañana.
Las ideas expósitas hoy triunfan,
ellas llevan tu fama;
obra de caridad fué darles nombre,
¡buen provecho les haga!
Pero tus pobres hijos de silencio,
los propios de tu alma,

los de limpio linaje y noble alcurnia,
los que eran tu esperanza,
¡ay Miguel!, mírales que van perdidos,
¿qué scrá que les falta?
Pero no, déjalos; cuando los otros,
los expósitos, vuelvan a la masa,
los tuyos surgirán limpios y enteros,
¡ellos solos se bastan!
. . . .
Cuando después que entrego al público un escrito
de esos que al punto con deleite traga
por haberlo sacado del puchero
que guarda su bazofia cotidiana,
viene un amigo el parabién a darme,
me esfuerzo por ponerle buena cara
—¿es que voy a pegarle
si acaso su intención es muy honrada?
¡Oh la amistad, nuestro mayor consuelo!—,
le doy, ¡claro!, las gracias,
y me quedo pensando:
hay que aceptar la vida... ¡a lo que caiga!

                                        Rimas de dentro (1923).

                          * * *

    Con recuerdos de esperanzas
  y esperanzas de recuerdos
  vamos matando la vida
  y dando vida al eterno
  descuido que del cuidado
  del morir nos olvidemos...
  Fué ya otra vez el futuro,
  será el pasado de nuevo,

mañana y ayer mejidos
en el hoy se quedan muertos.
Me he despertado soñando,
soñé que estaba despierto,
soñé que el sueño era vida,
soñé que la vida es sueño.
Sentí que estaba pensando,
pensé que sentía, y luego
vi reducirse a cenizas
mis pensamientos de fuego.
Si hay quien no siente la brasa
debajo de estos conceptos,
es que en su vida ha pensado
con su propio sentimiento;
es que en su vida ha sentido
dentro de sí al pensamiento.
Flores da el amor al hombre,
flores entre hojas al viento;
mas también le da diamantes
duros, cortantes y escuetos.
No sólo el vapor calienta;
no llaméis frío a lo seco;
la carne enfría a menudo
y suelen quemar los huesos.

* * *

Yo te di la noticia, y mirándome:
"Padre nuestro que estás en los cielos"...
empezaste; en tus ojos, dos lágrimas
          al sol se encendieron.
"Venga a nos el tu reino"... —decías,
y mirabas al blanco sendero
que a la tierra nos lleva, que hoy guarda,
          Teresa, tu cuerpo.

Madre nuestra, que estás en la tierra,
y que tienes mi paz en tu reino,
¡ábreme ya tus brazos y acoge
        mi vida en tu seno!

* * *

Te recitaba Becquer... Golondrinas
refrescaban tus sienes al volar;
las mismas que, piadosas, hoy, Teresa,
sobre tu tierra vuelan sin cesar.
Las mismas que al Señor, de la corona
espinas le quitaron al azar;
las mismas que me arrancan las espinas
del corazón, que se me va a parar.
Golondrinas que vienen de tu campo
trayéndome recuerdos al pasar,
y cuya sombra acarició la yerba
bajo que has ido al fin a descansar.

* * *

A la puesta de sol la cruz de leño
        que tu frente corona,
sobre la hierba de tu campo santo
        va alargando la sombra.
Es el reló de sol de la otra vida,
        el que nos marca la hora
de la oración eterna, mi Teresa,
        y de la eterna boda.
Y entonces a poniente el cielo se hace
        todo como una rosa,
la rosa de tu sangre, tu martirio
        de vida misteriosa.

* * *

Las dos conchas de nácar que bebían
        para ti mis palabras,
la luz del sol transparentaba dulce,
        una luz escarlata.
Y tú oías al sol mientras me oías;
        la vida te cantaba;
y la sangre, en el cauce de las conchas,
        te decía esperanzas.
Recuerdos en la sombra ahora te dicen,
        Teresa de mi alma,
como flores que se han vuelto mantillo
        de la tierra callada.

* * *

"Sí, sí, sí, sí"... Era el susurro dulce
        de agua que va a la mar,
el canto del arroyo al sol tendido,
        letanía de amar...
"Sí, sí, sí, sí"... Y de tus labios blancos
        en penoso acezar
se iba diciendo "sí" tu vida entera
        y mi dicha a la par...
"Sí, sí, sí, sí"... Sobre la hierba verde
        que me sirve de altar,
canta la lluvia en el otoño rojo
        y tú la oyes cantar...

* * *

A la puesta del sol vi la corona
de siemprevivas que colgué con manos
temblorosas del leño que eslabona
tu tierra con tu cielo como hermanos.

Era como un estrobo en su tolete;
la tierra sobre el cielo una barquilla
en espera del remo que arremete
a las aguas que duermen en la orilla.

Y sentí en mis entrañas tu llamada.
"Canta al Amor, razón del Universo;
canta al Amor, que lo demás es nada,
y dame vida eterna con tu verso."

¡Hacer surcar al mundo la infinita
sábana del amor que se despliega
entre dos cielos, tras la última cita
del reposo final que nunca llega!

¡Al compás de los remos sobre el agua
cantar el evangelio claro y fuerte
del Amor, y cantando así la fragua
de la vida, cantando ir a la muerte!

* * *

Ya que sabes de amor y de dolores,
          óyeme bien, Señora,
y ruega por nosotros, pecadores,
          ahora y en la hora
          de nuestra muerte.
Ella murió; su pecho yace inerte
          bajo manto de yerba;
ella en tus brazos abriga su suerte
          y en tus brazos conserva
          tu don divino.
Tú, tejiéndole en vida su destino,
          madre la hiciste,
madre de mi pasión y en mi camino
          mortal tú la pusiste
          como una estrella.

Estrella matutina que tu huella
                guardando con tu lumbre,
fué de mi corazón una centella
                la dulce mansedumbre
                de su cariño.
Tú, Señora, que a Dios hiciste niño,
                hazme niño al morirme
y cúbreme con el manto de armiño
                de tu luna al oírme
                con tu sonrisa.
El alba es tu sonrisa y es la brisa
                del alba tu respiro;
acuérdate cuando iba al alba a misa
                por ti y en el retiro
                por mí rogaba.
Te rogaba por mí, por mí abogaba
                para que Tú, Señora,
por aquella que fué tu humilde esclava
                me dieras una hora
                de firme paso.
Haz por ella en la hora del ocaso,
                en el último trance,
cuando de mi alma al fin se rompa el vaso,
                de nuestro Padre alcance
                eterna vida
mi tierra con su tierra confundida.
        ¡Gracias, Señor, voy a morir al cabo;
                gracias te doy, Señor;
no más del Tiempo que nos mata esclavo,
                libre por el amor!
Ahora es cuando el cielo es todo rosa,
                canta la eternidad;
ahora es cuando siento toda cosa
                bañada en realidad.

Ahora es cuando veo de mi vida
        la eterna juventud;
ahora, en la hora al fin de la partida,
        cosecho mi salud.
Voy a nacer, Señor, voy a nacerla
        dentro del corazón,
como en concha del mar nace una perla,
        cual flor de su pasión.
¡Voy a nacer, Señor, voy a nacerte,
        bendita Trinidad,
Tú, Señor; el Amor, ella y la Muerte...
        voy a ver la verdad!
Ya sé por qué nací, por qué he vivido,
        ya sé todo por qué;
ya sé, Señor, al fin, por qué has querido
        que viviera, lo sé.
Voy a morir, de este vivir bien harto,
        voy al fin a morir,
que ella, mi virgen, con sagrado parto
        concluye mi sufrir.
Voy a morir al fin, vengan las alas,
        las alas de cantar;
vistiendo del amor todas las galas
        quiero hundirme en su mar...
Donde sabes, Señor, me espera un hueco,
        cabe el postrer confín,
donde llega a dormirse el último eco
        de tu voz... en el fin...
He vivido, he vivido eterna espera
        y la esperanza es fe;
he vivido, he vivido, y aunque muera
        ya sé que viviré...
He vivido, Señor; gracias, mil gracias,
        gracias al fin, Señor;

con la muerte, de vida al fin me sacias,
de vida del amor...
¡Gracias, Señor; voy a morir al cabo;
gracias te doy, Señor,
que es ahora cuando más tu amor alabo,
gracias por nuestro amor!

Teresa (1924).

Ruina de volcán esta montaña
por la sed descarnada y tan desnuda,
que la desolación contempla muda
de esta isla sufrida y ermitaña.

La mar piadosa con su espuma baña
las uñas de sus pies, y la esquinuda
camella rumia allí la aulaga ruda,
con cuatro patas colosal araña.

Pellas de gofio, pan en esqueleto,
forma a estos hombres —lo demás *conduto*—,
y en este suelo de escorial, escueto,

arraigado en las piedras, gris y enjuto,
como pasó el abuelo pasa el nieto,
sin hojas, dando sólo flor y fruto.

* * *

La mar ciñe a la noche en su regazo
y la noche a la mar; la luna, ausente;
se besan en los ojos y en la frente;
los besos dejan misterioso trazo.

Derrítense después en un abrazo,
tiritan las estrellas con ardiente
pasión de mero amor y el alma siente
que noche y mar la enredan en su lazo.

Y se baña en la obscura lejanía
de su germen eterno, de su origen,
cuando con ella Dios amanecía,

y aunque los necios sabios leyes fijen,
ve la piedad del alma la anarquía
y que leyes no son las que nos rigen.

¿Cuál de vosotras, olas de consuelo
que rodando venís desde la raya
celestial y surcando con la laya
espumosa a la mar el leve suelo;
    cuál de vosotras que aviváis mi anhelo
viene del fiero golfo de Vizcaya?
¿Cuál de vosotras con su lengua ensaya
cantos que fueron mi primer desvelo?
    ¿Sois acaso sirenas o delfines,
a brizar mi recuerdo estremecido
que de la mar se ahoga en los confines?
    ¿Cuál de vosotras, olas del olvido,
trae acá los zortzicos danzarines
de los regatos de mi dulce nido?

                    * * *

Horas serenas del ocaso breve,
cuando la mar se abraza con el cielo
y se despierta el inmortal anhelo
que al fundirse la lumbre, lumbre bebe.
    Copos perdidos de encendida nieve,
las estrellas se posan en el suelo
de la noche celeste, y su consuelo
nos dan piadosas con su brillo leve.
    Como en concha sutil perla perdida,
lágrima de las olas gemebundas,
entre el cielo y la mar sobrecogida
    el alma cuaja luces moribundas
y recoge en el lecho de su vida
el poso de sus penas más profundas.

Es una antorcha al aire esta palmera,
verde llama que busca al sol desnudo
para beberle sangre; en cada nudo
de su tronco cuajó una primavera.

Sin bretes ni eslabones, altanera
y erguida, pisa el yermo seco y rudo;
para la miel del cielo es un embudo
la copa de sus venas, sin madera.

No se retuerce ni se quiebra al suelo;
no hay sombra en su follaje, es luz cuajada
que en ofrenda de amor se alarga al cielo,

la sangre de un volcán que enamorada
del padre Sol, se revistió de anhelo
y se ofrece, columna, a su morada.

* * *

Raíces como tú en el Océano
echó mi alma ya. Fuerteventura,
de la cruel historia la amargura
me quitó cual si fuese con la mano.

Toqué a su toque el insondable arcano
que es la fuente de nuestra desventura,
y en sus olas la mágica escritura
descifré del más alto soberano.

Un oasis me fuiste, isla bendita;
la civilización es un desierto
donde la fe con la verdad se irrita;

cuando llegué a tu roca llegué a puerto,
y esperándome allí a la última cita
sobre tu mar vi el cielo todo abierto.

En el entierro de un niño.

A un hijo de españoles arropamos
hoy en tierra francesa; el inocente
se apagó —¡feliz él!— sin que su mente
se abriese al mundo en que muriendo vamos.

A la pobre cajita sendos ramos
echamos de azucenas —el relente
llora sobre su huesa—, y al presente
de nuestra patria el pecho retornamos.

"Ante la vida cruel que le acechaba,
mejor que se me muera" —nos decía
su pobre padre, y con la voz temblaba;
· era de otoño y bruma el triste día
y creí que enterramos —¡Dios callaba!—
tu porvenir sin luz, ¡España mía!

De Fuerteventura a Paris (1925).

VENDRÁ DE NOCHE

Vendrá de noche cuando todo duerme,
vendrá de noche cuando el alma enferma
   se emboce en vida,
vendrá de noche con su paso quedo,
vendrá de noche y posará su dedo
   sobre la herida.
Vendrá de noche y su fugaz vislumbre
volverá lumbre la fatal quejumbre;
   vendrá de noche
con su rosario, soltará las perlas
del negro sol que da ceguera verlas,
   ¡todo un derroche!
Vendrá de noche, noche nuestra madre,
cuando a lo lejos el recuerdo ladre
   perdido agüero;
vendrá de noche; apagará su paso
mortal ladrido y dejará al ocaso
   largo agujero...
¿Vendrá una noche recogida y vasta?
¿Vendrá una noche maternal y casta
   de luna llena?
Vendrá viniendo con venir eterno;
vendrá una noche del postrer invierno...
   noche serena...
Vendrá como se fué, como se ha ido
—suena a lo lejos el fatal ladrido—,
   vendrá a la cita;

será de noche más que sea aurora,
vendrá a su hora, cuando el aire llora,
          llora y medita...
Vendrá de noche, en una noche clara,
noche de luna que al dolor ampara,
          noche desnuda,
vendrá... venir es porvenir... pasado
que pasa y queda y que se queda al lado
          y nunca muda...
Vendrá de noche, cuando el tiempo aguarda,
cuando la tarde en las tinieblas tarda
          y espera al día;
vendrá de noche, en una noche pura,
cuando del sol la sangre se depura,
          del mediodía.
Noche ha de hacerse en cuanto venga y llegue,
y el corazón rendido se le entregue,
          noche serena,
de noche ha de venir... ¿él, ella o ello?
De noche ha de sellar su negro sello,
          noche sin pena.
Vendrá la noche, la que da la vida,
y en que la noche al fin el alma olvida,
          traerá la cura;
vendrá la noche que lo cubre todo
y espeja al cielo en el luciente lodo
          que lo depura.
   Vendrá de noche, sí, vendrá de noche,
su negro sello servirá de broche
          que cierra el alma;
vendrá de noche sin hacer ruido,
se apagará a lo lejos el ladrido,
          vendrá la calma...
          vendrá la noche...

Logre morir con los ojos abiertos
guardando en ellos tus claras montañas
—aire de vida me fué el de sus puertos—,
que hacen al sol tus eternas entrañas,
          ¡mi España de ensueño!
Entre conmigo en tu seno tranquilo
bien acuñada tu imagen de gloria;
haga tu roca a mi carne un asilo;
duerma por siglos en mí tu memoria,
          ¡mi España de ensueño!
Se hagan mis ojos dos hojas de hierba
que tu luz beban, oh sol de mi suelo;
madre, tu suelo mis huellas conserva,
pone tu sol en mis huellas consuelo,
          ¡consuelo de España!
Brote en verdor la entrañada verdura
que hizo en el fondo de mi alma tu vista,
y bajo el mundo que pasa al que dura
preste la fe que esperanza revista,
          ¡consuelo de España!
Logre morir bien abiertos los ojos
con tu verdor en el fondo del pecho,
guarde en mi carne dorados rastrojos;
tu sol doró de mi esperanza el lecho,
          ¡consuelo del ensueño de mi España!

ORHOIT GUTAZ

*En la pequeña iglesia de Biriatu,
a orillas del Bidasoa, hay un mármol
funerario con la lista de los once
hijos de Biriatu que murieron por
Francia en la gran guerra. En la ca-
becera dice: "A sus hijos que han
muerto en la guerra, el pueblo de
Biriatu." Luego, la lista de los muer-
tos. Y debajo: Orhoit gutaz, esto es:
"Acordaos de nosotros."*

Pasasteis como pasan por el roble
las hojas que arrebata en primavera
pedrisco intempestivo;
pasasteis, hijos de mi raza noble,
vestida el alma de infantil eusquera,
pasasteis al archivo
de mármol funeral de una iglesiuca
que en el regazo recogido y verde
del Pirineo vasco
al tibio sol del monte se acurruca.
Abajo, el Bidasoa va y se pierde
en la mar; un peñasco
recoge de sus olas el gemido,
que pasan, tal las hojas rumorosas,
tal vosotros, oscuros
hijos sumisos del hogar henchido
de silenciosa tradición. Las fosas
que a vuestros huesos, puros,
blancos, les dan de última cuna lecho,

fosas que abrió el cañón en sorda guerra,
no escucharán el canto
de la materna lluvia que el helecho
deja caer en vuestra patria tierra
como celeste llanto...
No escucharán la esquila de la vaca
que en la ladera, al pie del caserío,
dobla su cuello al suelo,
ni a lo lejos la voz de la resaca
de la mar que amamanta a vuestro río
y es canto de consuelo.
Fuisteis como corderos, en los ojos
guardando la sonrisa dolorida
—lágrimas del ocaso—,
de vuestras madres —el alma de hinojos—.
¡y en la agonía de la paz la vida
rendisteis al acaso!...
¿Por qué? ¿Por qué? Jamás esta pregunta
terrible torturó vuestra inocencia;
nacisteis... nadie sabe
por qué ni para qué... ara la yunta,
y el campo que ara es toda su conciencia,
y canta y vuela el ave...
¡Orhoit gutaz! Pedís nuestro recuerdo
y una lección nos dais de mansedumbre;
calle el porqué..., vivamos
como habéis muerto, sin porqué, es lo cuerdo...
los ríos a la mar..., es la costumbre
y con ella pasamos...

LA LUNA Y LA ROSA

*A Jules Supervielle, después de haber
gustado Gravitations.*

*Mira que es hoy en flor la rosa llena;
cuando en otoño de su fruto rojo
será la rosa nueva...*

En el silencio estrellado
la Luna daba a la rosa
y el aroma de la noche
le henchía —sediente boca—
el paladar del espíritu,
que adurmiendo su congoja
se abría al cielo nocturno
de Dios y su Madre toda...
Toda cabellos tranquilos,
la Luna, tranquila y sola,
acariciaba a la Tierra
con sus cabellos de rosa
silvestre, blanca, escondida...
La Tierra, desde sus rocas,
exhalaba sus entrañas
fundidas de amor, su aroma...
Entre las zarzas, su nido,
era otra luna la rosa,
toda cabellos cuajados
en la cuna, su corola;
las cabelleras mejidas
de la Luna y de la rosa

y en el crisol de la noche
fundidas en una sola...
En el silencio estrellado
la Luna daba a la rosa
mientras la rosa se daba
a la Luna, quieta y sola.

¿Qué es tu vida, alma mía?, ¿cuál tu pago?,
¡lluvia en el lago!
¿Qué es tu vida, alma mía, tu costumbre?
¡viento en la cumbre!
¿Cómo tu vida, mi alma, se renueva?,
¡sombra en la cueva!,
¡lluvia en el lago!,
¡viento en la cumbre!,
¡sombra en la cueva!
Lágrimas es la lluvia desde el cielo,
y es el viento sollozo sin partida,
pesar la sombra sin ningún consuelo,
y lluvia y viento y sombra hacen la vida.

[A UNA PAJARITA DE PAPEL]

¡Habla, que lo quiere el niño!
¡Ya está hablando!
El Hijo del Hombre, el Verbo
encarnado
se hizo Dios en una cuna
con el canto
de la niñez campesina,
canto alado...
¡Habla, que lo quiere el niño!
¡Hable tu papel, mi pájaro!
Háblale al niño que sabe
voz del alto,
la voz que se hace silencio
sobre el fango...
háblale al niño que vive
en su pecho a Dios criando...
Tú eres la paloma mística,
tú el Santo
Espíritu que hizo el hombre
con sus manos...
Habla a los niños, que el reino
tan soñado
de los cielos es del niño
soberano,
del niño, rey de los sueños,
¡corazón de lo creado!
¡Habla, que lo quiere el niño!
¡Ya está hablando!

El cuerpo canta;
la sangre aúlla;
la tierra charla;
la mar murmura;
el cielo calla
y el hombre escucha.

Romancero del destierro (1927).

EN LA CUEVA DE ALTAMIRA

¡Ay bisonte de Altamira,
te tragó el león de España;
fué por hambre, no por saña,
y el león ahora delira,
    porque en su sangre te lleva,
troglodítico bisonte,
botín salvaje en el monte,
sueño mágico en la cueva!

El león sueña contigo,
con tu melena y tus cuernos;
sueña el león tus eternos
hechizos como un castigo.
    Que tú le abrasas la entraña,
¡ay bisonte de Altamira!,
y el pobre león delira
y con él delira España.

Mistagógico bisonte
del cielo de la caverna,
protoibérica taberna,
tinieblas por horizonte,
    ¿a qué luz de íntimo fuego
te trazó segura mano
de soñador soberano
que nos enturbia el sosiego?

Pobre león, cómo lloras,
que el sol el soñar te quita
y la sangre se te irrita
mientras recuerdos devoras.

* * *

En el techo de una cueva
—las tinieblas horizonte—,
soñó por cielo un bisonte
nuestro abuelo, y ello prueba
    que cielo que no se coma
no es cielo para el anhelo
de un corazón, que consuelo
busca del morir, y toma
    libre del sol, hondo nido
la fe inraizándose en tierra
que al cabo la carne encierra,
y con la carne al sentido.

* * *

Cavernario bisonteo,
tenebroso rito mágico,
introito del culto trágico
que culmina en el toreo.
    ¡Ay cueva la de Altamira,
libre de sol, santo coso
del instinto religioso
que a un cielo de carne aspira!
    España de antes de Adán
y de Eva y su paraíso,
cuando a los hombres Dios quiso
dar hambre por todo pan.

* * *

¡Ay bisonte altamirano,
luz eléctrica en tu cueva
que hundirá en trágica prueba
tu misterio soberano,

el del eterno mañana
que en sus siglos de secreto
fué el invisible alfabeto
de Gil Blas de Santillana!

Que el bisonte tenebroso,
dechado de hechicería,
no le dió a tu cofradía,
Gil Blas, punto de reposo.

Se hunde en cielo de sol Ícaro,
mas de noche cristalina,
con su boca la Bocina
le marca vereda al pícaro.

¡Ay España, monasterio
de ciegos y lazarillos,
tus leones en castillos
nos mataron el misterio!

* * *

(Mateo, cap. XIII, II; Corán, III, 6.)

El armador aquel de casas rústicas
    habló desde la barca:
ellos, sobre la grava de la orilla,
    él flotando en las aguas.

Y la brisa del lago recogía
    de su boca parábolas;
ojos que ven, oídos que oyen gozan
    de bienaventuranza.

Recién nacían por el aire claro
    las semillas aladas,
el Sol las revestía con sus rayos,
    la brisa las cunaba.

Hasta que al fin cayeron en un libro,
¡ay tragedia del alma!:
ellos tumbados en la grava seca,
y él flotando en el agua.

* * *

Salamanca, Salamanca,
renaciente maravilla,
académica palanca
de mi visión de Castilla.
Oro en sillares de soto
de las riberas del Tormes;
de viejo saber remoto
guarda recuerdos conformes.
Hechizo salmanticense
de pedantesca dulzura;
gramática del Brocense,
florón de literatura.
¡Ay mi Castilla latina
con raíz gramatical,
ay, tierra que se declina
por luz sobrenatural!

* * *

Beato trovero lego,
en litúrgico descanso,
cantó con pluma de ganso
sobre una piel de borrego.
¡Qué floridas iniciales
y doradas, qué armonía
entre el canto, letanía,
y los rasgos conventuales!

La mano con que estofara
a la Virgen cada estrofa
iluminó con estofa
de la tintura más rara.

Qué rayas las de los versos,
qué vocales tan redondas,
¡y cómo ruedan sus ondas
por los renglones más tersos!

Se oye el silencio que exhala
el canto de la escritura,
y se siente la ternura
de pluma que vivió en ala.

* * *

Peñas de Neila, os recogió la vista
de Teresa en Becedas
que, moza, suspiraba la conquista
de Jesús; alisedas
del Tormes, las que veis vivir el agua
de la nieve evangélica de Gredos;
agua que hoy breza el sueño
último de Teresa,
y que templó la fragua
de su entraña, a que dedos
del Señor encendieron en la empresa
de ganar el azul; navas floridas
donde alientan los lirios su confianza
en el Padre que cubre con su manto
las sernas doloridas
del trabajo a que dobla la esperanza
de un terminal reposo santo;
encinas matriarcales
que ceñís espadañas donde sueña,
mientras la esquila duerme, la cigüeña
al peso de las horas estivales.

Encinas de verdor perenne y prieto
que guardáis el secreto
de madurez eterna de Castilla,
podada maravilla
de sosiego copudo;
encinas silenciosas
de corazón nervudo;
qué recato en las tardes bochornosas
al rumor de la fuente echar la siesta
oyendo al agua lo que siempre dijo,
el eterno acertijo
que nos agua la fiesta:
¿Será el dormir morir
y un sueño de vacío el porvenir?
Mas llega la modorra,
encinas matriarcales,
del seso nos ahorra
el poso del veneno de los males.
Buscad confianza, pero no evidencia.
Sueño nos da la fe, muerte la ciencia.

* * *

Cristales, cristales, cristales,
duras flores de tierra pura,
de tierra virgen, sin verdura
de plantas y sin animales.
Tinieblas cuajadas en roca,
la luz del abismo os baña
y abrís transparentes la entraña
al beso del sol con su boca.
Cristales, cristales, sin vida,
sobre ella, bajo ella inmortales.
Cristales, cristales, cristales;
la luz en tinieblas se anida.

* * *

Juan de la Cruz, madrecito,
alma de sonrisa seria,
que sigues tu senderito
por tinieblas de miseria,
de la mano suave y fuerte
de tu padraza Teresa,
la que corteja la muerte;
la vida, ¡cómo te pesa!

Marchas por la noche oscura,
te va guiando la brisa,
Te quitas de toda hechura,
te basta con la sonrisa.

De Dios el silencio santo,
colmo de noche sin luna,
vas llenando con tu canto,
para Dios canto de cuna.

Madrecito de esperanza,
nuestra desesperación,
gracias a tu canto alcanza
a adormecer la razón.

* * *

Leer, leer, leer, vivir la vida
que otros soñaron.
Leer, leer, leer, el alma olvida
las cosas que pasaron.
Se quedan las que quedan, las ficciones,
las flores de la pluma,
las olas, las humanas creaciones,
el poso de la espuma.
Leer, leer, leer; ¿seré lectura
mañana también yo?
¿Seré mi creador, mi criatura,
seré lo que pasó?

A MI PRIMER NIETO

La media luna es una cuna,
¿y quién la briza?;
y el niño de la media luna,
¿qué sueños riza?
  La media luna es una cuna,
¿y quién la mece?;
y el niño de la media luna,
¿para quién crece?
  La media luna es una cuna,
va a luna nueva,
y al niño de la media luna,
¿quién me lo lleva?

Verde puro, sin azul,
sin amarillo,
sin cielo ni tierra, sólo
verde nativo,
verde de yerba que sueña,
verde sencillo,
verde de conciencia humana
sobre camino
sin suelo, orilla ni término,
verde vacío,
verde de verdor que pasa,
de roble altivo,
¡para mis ojos sedientos
abismo místico!

* * *

¡Qué silencio bajo tierra
al pie del negro ciprés!
El gemido de las olas
daba al silencio mudez,
y tiritaba la yerba,
¡qué verdura en desnudez!,
y con rocío marino
se empañaba la azulez.
La paz con sus alas muertas
cubría al mundo otra vez.
Sombras, íbanse recuerdos
derritiéndose...

Ávila, Málaga, Cáceres,
Játiva, Mérida, Córdoba,
Ciudad Rodrigo, Sepúlveda,
Úbeda, Arévalo, Frómista,
Zumárraga, Salamanca,
Turégano, Zaragoza,
Lérida, Zamarramala,
Arramendiaga, Zamora,
sois nombres de cuerpo entero,
libres, propios, los de nómina,
el tuétano intraductible
de nuestra lengua española.

* * *

Hölderlin, Kleist, Lenau, Nietzsche,
¡ay el demonio germánico,
la locura de la niebla que se deshace al sol!;
¡ay el misterio pánico
del témpano arrebatado al Ecuador!

* * *

TOLEDO

Sueña cómo queda el Tajo
sin que despiertes, Toledo,
deja pasar las veladas,
sigue cunando tu sueño.
Mira a Florinda la Cava
perderse en coso de espejos,
que Don Rodrigo en sus ojos
perdióse y perdió a su pueblo.
¡Jeudá Leví!, de su llanto
guardan tus capillas ecos;
Sión, que diste a marranos
muzárabe canturreo.
Sueña con nebreda de ánimas
en los barrancos del cielo
al resplandor de relámpagos
que, Josué, detuvo el Greco,
y herrín, orín, verdín, tintes
de solar que roñan tiempos,
y hollín y ceniza ascética
te servirán de memento.
En tus mesones Cervantes
a su sangre dió resuello.
Las dos cabezas de tu águila
descabezaban el vuelo.
Caíste con los Borbones
en la sima del recuerdo,

huesa de leyendas mágicas
de godos y de agarenos.
Y el imperio de la muerte
te dará, imperial Toledo,
en vida que nunca acabe
de Dios el último sueño.

¿Pretendes desentrañar
las cosas? Pues desentraña
las palabras, que el nombrar
es del existir la entraña.
Hemos construído el sueño
del mundo, la creación
con dichos; sea tu empeño
rehacer la construcción.
Si aciertas a Dios a darle
su nombre propio, le harás
Dios de veras, y al crearle
tú mismo te crearás.
La lección te pongo en verso
por sujetar su osamenta,
que el hueso del universo
sobre compás se sustenta.

BECQUER

"Suspirillos germánicos",
mote de Núñez de Arce,
engendran sollozos
ibéricos; el aire
venía del nordeste,
donde a luz larga sale
por San Juan el sol báltico,
viejo vikingo andante.
Sollozo en los olivos
el rayo de la tarde,
y recogió Sevilla
su hondas soledades,
de los vándalos árticos
nostálgicos mensajes.

Agua que el azul lavaste,
agua de serenidad,
agua que lavas el verde,
agua de conformidad,
agua que pasó el molino,
rueda de vuelta a empezar;
agua llovida del cielo,
agua de dulce pasar,
agua que llevas mis sueños
en tu regazo a la mar,
agua que pasas soñando,
¡tu pasar es tu quedar!

* * *

Mi clásica habla romántica,
mi antigua lengua moderna,
¿eres vejez de edad niña?
¿eres niñez de edad vieja?
¿Vino viejo en odres nuevos?
No, sino agua de ribera,
su cauce en el valle verde
canal que riega la cepa.
Voy a crear el pasado;
mañana que fué no es muerta,
vuelve mi río a la fuente,
la creación es eterna.
El que fuí hace diez siglos
me está enseñando la lengua
con que he de hablar a mi pueblo
cuando otros diez hagan mesta.

En el silencio de noche,
con la longitud de mi onda
cojo aquí, Carrión soñado,
la longitud de tus coplas.
"Recuerde el alma dormida",
me repite el Bidasoa,
y el alma se duerme al canto,
dulce Carrión, de tus glosas.
    "Avive el seso y despierte",
pasa cantando la ronda,
y el alma sueña que pasa
la Muerte entonando loas.
"Nuestras vidas son los ríos",
¡ay Carrión!, ¡ay Bidasoa!,
¡páramos de mi Palencia!,
¡montañas de mi Vasconia!
¡La mar es morir, ay vida,
cantando infinitas olas!
Ya pasó la pobre muerte.
¡Despierto en eterna aurora!

* * *

Cuando Adán sobre la mar, la mano
del cielo fué y le brizó el aliento
de la boca del sol, ¡y que fué larga
la infancia pura, solitario ensueño
del primer hombre, a que inocentes fieras

criaron con pasión! En el espejo
de los ojos de amor de una leona,
su nodriza, se vió, nació el anhelo
de la madre, de su Eva, compañera
que en flotante barquilla y en secreto
se criaba; las olas infinitas
le cantaban de Adán, su compañero.
La lengua de la mar, cantando endechas
de soledad final, dejó del cielo
en la mano, ribera resonante,
la barquilla de Eva, y fué el misterio.

AL PERRO "REMO"

Cuando pone en mi pecho sus patas
y me mira a los ojos el perro,
las raicillas del alma me tiemblan,
          ¡temblor agorero!
Me acongoja la muda pregunta,
de sus ojos el líquido ensueño;
ni le queda dolor en al alma,
          ¡tan sólo silencio!
En el lánguido humor de sus niñas
se me encara perlático espejo
de un ayer tan lejano que se unce
          a un mañana eterno.
¡Ay la cárcel de carne en que duerme
la divina conciencia!, ¡ay del sueño
de una sombra que mira en los ojos
          del trágico perro!
¿No es acaso mi Dios que al mirarme
desde lo hondo del alma de "Remo"
con la cruz de la carne me hostiga
          mi eterno deseo?
Cuando pone en mi pecho sus patas
y en mis ojos sus ojos el perro...
"¡Dios mío, Dios mío, por qué me has dejado!",
          clamó el Nazareno.

EL PLEITO DE LAS GENERACIONES

Es el traspaso de la patria, amigo;
para nosotros en su ocaso;
la nuestra se nos fué;
en su recuerdo encontrarás abrigo,
y al llegar al último paso
te escoltará la fe.
Te escoltará la fe de que la nuestra,
la que soñándola forjamos,
es ya historia inmortal,
creámosla de Dios en el regazo, es nuestra
de cómo nos le asemejamos
y le hicimos español natural.
Es el traspaso de la patria, calla,
déjales que hablen mientras dura;
un día ha de venir
en que nietos de estos hijos, la batalla
ya olvidada por ya madura,
nos han de bendecir.

DURIUM-DUERO-DOURO

Arlança, Pisuerga e aun Carrión,
gozan de nombres de rios, empero
después de juntados llamámoslos Duero,
facemos de muchos una relación.

JUAN DE MENA: *El laberinto de For-*
tuna, estrofa 162.

Arlanzón, Carrión, Pisuerga,
Tormes, Águeda, mi Duero.
Lígrimos, lánguidos, íntimos,
espejando claros cielos,
abrevando pardos campos,
susurrando romanceros.
Valladolid; le flanqueas
de niebla, le das tus besos,
le cunabas a Felipe
conseja de comuneros.
Tordesillas; de la loca
de amor vas bizmando el duelo
a que dan sombra piadosa
los amores de Don Pedro.
Toro, erguido en atalaya,
sus leyes no más recuerdo,
hace con tus aguas vino
al sol de León, brasero.
Zamora de Doña Urraca,
Zamora del Cid mancebo,
sueñan torres con sus ojos
siglos en corriente espejo.

Arribes de Fermoselle,
por pingorotas berruecos,
temblando el Tormes acuesta
en tu cauce sus ensueños.
Code de Mieza que cuelga
a la sima de tu lecho;
Escombrera de Laverde,
donde se escombraron rezos;
Frejeneda fronteriza,
con sus viñedos por fresnos;
Barca d'Alva del abrazo
del Águeda con tu estero;
Douro, que bordando viñas
vas a la mar prisionero,
de paso coges al Támega,
de hondas saudades cuévano.
En el Foz Oporto sueña
con el Urbión altanero;
Soria en su sobremeseta
con la mar toda sendero.
Árbol de fuertes raíces
aferrado al patrio suelo,
beben tus hojas las aguas,
la eternidad del empeño.

MADRIGAL DE LAS ALTAS TORRES

Ruinas perdidas en campo
que lecho de mar fué antes de hombres,
tus cubos mordieron el polvo,
Madrigal de las Altas Torres.
Tú la cuna de Isabel, tumba
de Don Juan, fatídico brote:
cayó en Salamanca dorada
y en Ávila, hoy, fúnebre corte.
Medina la del Campo sueña
—cigüeñas, cornejas al borde—
el de César Borgia ¡qué salto!,
San Juan de la Cruz que se esconde.
Cielo del águila bicéfala,
nubarrones llegan del norte.
Maldonado, Bravo, Padilla,
Lutero a lo lejos responde.
Don Sebastián el Encubierto,
el rey del misterio, el Quijote
de Portugal, ¡ay pastelero!,
venías quién sabe de dónde...
Fray Luis de León, ojos, mano,
se doblan a la última noche,
quebrada la cárcel de carne,
su mente al sereno se acoge.
Castilla, Castilla, Castilla,
madriguera de recios hombres:

tus castillos muerden el polvo,
Madrigal de las Altas Torres,
ruinas perdidas en lecho,
ya seco, de ciénaga enorme.

OFELIA DE DINAMARCA

Rosa de nube de carne
Ofelia de Dinamarca,
tu mirada, sueñe o duerma,
es de Esfinge la mirada.
En el azul del abismo
de tus niñas —todo o nada,
"ser o no ser"—, ¿es espuma
o poso de vida tu alma?
No te vayas monja, espérame
cantando viejas baladas,
suéñame mientras te sueño,
brízame la hora que falta.
Y si los sueños se esfuman
—"el resto es silencio"—, almohada
hazme de tus muslos, virgen
Ofelia de Dinamarca.

Eres, vilano, hilo en vilo;
¿a qué mano irás a dar?
Nuestra vida está en un hilo
que el viento viene a quebrar.
Hilo en vilo eres, vilano;
cuando te alcanzo al volar
me tiembla de fe la mano
y no te logro enhebrar.

CÓRDOBA

Saavedra, Lucano, Séneca,
Córdoba.
Roma canta en la mezquita,
Guadalquivir medita
el sueño de Abderramán.
La vida, fuerza del sino,
vida en tragedia,
tragedia en juego, Lagartijo;
en las ermitas
sestean capeadores del Señor.

Cállate aquí, que te oiga los latidos,
pasos del corazón;
pero fuera... al sereno... ¿esos ladridos?,
¿de qué?, dime, ¿qué son?...
Él... Ella... No sé qué..., dime qué augura...,
no me lo digas... ¡no!;
arrímate más..., no tengo cura...
la que tuve pasó...
El peso del vacío me levanta
y el piso se me va...
arrímate más... la noche canta...,
pronto no cantará...
Pasos, pasos... son pasos de paloma...
Ha olvidado volar...
al rincón de la cuesta de la loma
el nido a que velar...
Cállate, que ya sube del abismo
el silencio final.
. . . .
Las veces que dijeron esto mismo...,
¡y siempre original!

* * *

Sosiega un poco, corazón, la mano
de la boca, y escucha; no estás solo.
Sí, ya sé que te miran en silencio
las otras bocas, mas no tienen ojos...

Échate, corazón, en el sendero,
arrópate un momento con el polvo,
duerme una noche del Señor siquiera,
una noche en que calle y pase todo...
¿Y si no te despiertas? ¿Dónde? Dime.
¿En tu pueblo, en su pecho generoso?
Mañana..., ayer..., quién sabe..., no sé nada...
Aquieta, corazón, la mano un poco...

* * *

Lope de Vega, claro, de improviso:
"Si el cuerpo quiere ser tierra en la tierra,
el alma quiere ser cielo en el cielo."
Pero debe enmendársele el inciso:
"Si el cuerpo quiere ser cielo en la tierra,
el alma quiere ser tierra en el cielo."

LA ESTRELLA POLAR

Luciérnaga celeste, humilde estrella
de navegante guía: la Boquilla
de la Bocina que a hurtadillas brilla,
violeta de luz, pobre centella

del hogar del espacio; ínfima huella
del paso del Señor; gran maravilla
que broche del vencejo en la gavilla
de mies de soles, sólo ella los sella.

Era al girar del universo quicio
basado en nuestra tierra; fiel contraste
del Hombre Dios y de su sacrificio.

Copérnico, Copérnico, robaste
a la fe humana su más alto oficio
y diste así con su esperanza al traste.

LA SIMA

La hondura de la Sima, no su anchura,
nos da que estremecer en el sendero
al ir a dar el salto derechero
con las muletas, ¡Dios!, de la fe pura;

el salto que nos lleve en derechura
del todo de la nada pasajero
a la nada del todo duradero
sin estrellas que le hagan de envoltura.

Tinieblas es la luz donde hay luz sola,
mar sin fondo, sin haz y sin ribera,
sin brisa de aire que levante en ola

la vida, nuestra vida verdadera;
la vida, esa esperanza que se inmola
y vive así, inmolándose, en espera.

LA PALABRA

Mas sí, que hay sí, al aire soplo vivo
entraña radical donde la idea
alma del Todo en que éste se recrea
da de íntimo sosiego al cabo estribo.

De la insondable eternidad archivo,
¡hágase! fiel, que haciendo que así sea
cual dicho está, nos hace que se vea
el hecho sustancial con su motivo.

De la luz tenebrosa flor sonora,
del mar del infinito faro y abra,
sin principio y sin fin por siempre aurora

que llama el Universo y que lo labra.
Copérnico, es el habla creadora,
prenda de paz final es la Palabra.

Niño viejo, a mi juguete,
el romance castellano,
me di a sacarle las tripas
por mejor matar mis años.
Mas de pronto estremecióse
y se me arredró la mano,
pues temblorosas entrañas
vertían sonoro llanto.
Con el hueso de la lengua
de la tradición, badajo,
miserere, Ave María,
tañían en bronce canto.
¡Martirio del pensamiento,
tirar palabras a garfio!
¡Juguete de niño viejo!
¡Lenguaje de hueso trágico!

* * *

Bízmame con tus palabras
Señor. Cosas... cosas... cosas...
Sombras no más de palabras,
no más sombras..., sombras..., sombras...
La palabra luz de fuente
y en la hora de las horas
Tú al pie de Adán, a que cree
el mundo al poner la norma
del Hombre, de la Metáfora
a cada una de las cosas.

Y entonces sí que supiste
que era bueno, ¡cosa hermosa!
Llegó la tarde suprema
de redondearse tu obra
cuando la Santa Palabra,
condenada y redentora
fué puesta en Cruz, Diccionario,
¡y le arrolaste Corona!

* * *

Con el cante jondo, gitano
tienes que arrasar la Alhambra,
no le hacen falta a la zambra
palacios hechos de mano.
Que basta una fresca cueva
a la vera del camino,
tienes el cante por sino
que a tus penitas abreva.
Tienes el sol por hogar,
tienes el cielo por techo,
tienes la tierra por lecho,
por linde tienes la mar.

ANTE UN RIZO DE MI CABELLERA DE NIÑO

¿Este rizo es un recuerdo,
o es todo recuerdo un rizo?
¿Es un sueño o un hechizo?
En tal encuentro me pierdo.

Siendo niño, la tijera
maternal — ¡tiempo que pasa!—
me lo cortó, y en la casa
queda, reliquia agorera.

"¡Fué mío!", dice mi mente.
¿Mío? ¡Si no lo era yo!...
Todo esto ya se pasó;
¡si nos quedara el presente!

Es la reliquia de un muerto
náufrago en mar insondable.
¡Qué misterio inabordable
el que me aguarda en el puerto!

Este rizo es una garra
que me desgarra en pedazos...
¡Madre! ¡Llévame en tus brazos
hasta trasponer la barra!

Con la nuca en el respaldo,
la vista fija en el techo,
al lado deshecho el lecho,
un anillo en el enfaldo
entre las manos en cruz,
pies desnudos en la alfombra,
tiembla en el cuarto una sombra
a guiñadas de la luz.
¿Y qué dice el crucifijo
que en la cabecera cuelga
mientras a dormirse huelga
—sosiego de cuna— el hijo?
En silencio el temporal
ha pasado por la casa.
¡Tu fruto la vida arrasa,
ciencia del bien y del mal!

LA LUNA AL TELESCOPIO

¿Ves la luna al telescopio?
Es un vaciado de yeso,
¡pobre Tierra!, ves tu propio
porvenir, que no es más que eso.
Mascarilla del pasado,
tumba que fué desde nido,
¡ay celeste vaciado,
cielo, vacío perdido!
¡Ay luna, luna lunera,
máscara de compasión
tú la íntima compañera
de nuestra revolución
en torno al sol y su lumbre
que nos velan la verdad,
vacío de pesadumbre,
espejo de eternidad!

¡Sombra de humo cruza el prado.
¡Y que se va tan de prisa!
¡No da tiempo a la pesquisa
de retener lo pasado!

Terrible sombra de mito
que de mí propio me arranca,
¿es acaso una palanca
para hundirse en lo infinito?

Espejo que me deshace
mientras en él me estoy viendo,
el hombre empieza muriendo
desde el momento en que nace.

El haz del alma te ahuma
del humo al irse a la sombra,
con su secreto te asombra
y con su asombro te abruma.

* * *

Horas de espera, vacías
de cuanto no es esperanza;
son horas que hacen los días
y los años de bonanza.
El cielo, siempre risueño,
eterno, divino engaño,
porvenir, hijo del sueño,
todo lo otro le es extraño...
Soñar, soñar que se sueña
y a la esperanza esperar,
y en el vacío esta seña:
"empezar es acabar".

Aquí quedáis mis momentos;
con el ritmo aquí os fijé;
¿o es que en vuestros fundamentos
también yo me quedaré?
Dios mío, este yo, ¡ay de mí!,
se me está yendo en cantares,
pero mi mundo es así;
los seres se hacen estares.

* * *

Agavillar cada día
ilusiones con el metro,
y hacer así de éste el cetro
del reino de la ufanía.
Bailar nuestro sueño al borde
del abismo, en la esperanza
de que ha de ser contradanza
con la del Señor acorde.

* * *

En las cuentas del rosario
siembra granos de pasión;
sus dedos tejen sudario,
sus labios resurrección.
Padrenuestro, y al fin gloria;
le reza a la muerte; amén,

y no oye más de la historia
que vagidos de Belén.
Como las cuentas los días
le pasan, sólo verdad
penas hunde en alegrías
y vuelve a la eternidad.

* * *

Juan, I, 1.

El verbo fué en el principio
que la hermosura fabrica,
todo en él se justifica,
hasta el ripio.

* * *

Hay que recoger la vida,
la vida que se nos va
cual se nos vino, escondida
del más allí al más acá.
Y se va por donde vino
embozada en el misterio,
va abriéndose su camino,
mira siempre al cementerio.
Hay que recoger la vida
que otra vez ya no vendrá,
como se nos va escondida
del más aquí al más allá.

LOGOS

El verbo fué en el comienzo,
no la idea, la visión;
"¡Hágase!", dijo, y al lienzo
llenó de formas el son.
Del dicho al hecho no hay trecho;
hace el que dice avío;
que hace la corriente lecho
y al dicho le dicen río.

Está aquí,
más dentro de mí que yo mismo:
está aquí, sí;
en el divino abismo
en que huidiza eternidad se espeja,
y en su inmortal sosiego
se sosiega mi queja.
Mas ¿cómo pude andar tan ciego
que no vi que era su vista
la que hacía mi conquista
día a día del mundo que pasaba?
Ella vivía al día y me esperaba,
y esperándome sigue en otra esfera;
la muerte es otra espera.
Aquel sosiego henchido de resignación;
sus ojos de silencio; aquel pesón
del silencio de Dios a mi pregunta,
mientras Él, como a yunta,
con mano todopoderosa
nos hizo arar la vida,
esta vida tan preciosa
en que creía no creer, pues me bastaba
su fe, la de ella, su fe henchida
de un santo no saber, de que sacaba
su simple y puro ver.
Que mientras me miraba
vi en sus ojos el fondo de mi ser.

En su regazo de madre virginal,
recogí con mi abrazo
las aguas del divino manantial,
que, pues no tuvo origen
no tendrá fin; aguas que rigen
nuestro santo contento,
la entrañada costumbre
que guarda eternidad en el momento.
¡Ay!, sus ojos, su lumbre
de recatada estrella
que arraiga en lo infinito del amor
y en que sentí la huella
de los pies del Señor.
Está aquí, está aquí, siempre conmigo,
de todo aparentar al fin desnuda;
está aquí, al abrigo del sino y de la duda.

Canciones no recogidas en libro (1928-1936).